D1434722

Aujourd'hui, la mort

Serge Bureau

Aujourd'hui, la mort
Collaboration à l'écriture : Richard Lachaine

FIDES

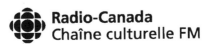
Radio-Canada
Chaîne culturelle FM

Photos : Serge Bureau et Jacques Gagné

Le contenu du présent ouvrage a d'abord fait l'objet d'une série radiophonique diffusée sur la chaîne culturelle FM de Radio-Canada. Ces émissions, sous forme d'entretiens, ont été diffusées entre le 1ᵉʳ février et le 26 avril 1994, puis entre 30 juin et le 10 novembre 1996.

Données de catalogage avant publication (Canada)

Vedette principale au titre :

Aujourd'hui, la mort

ISBN 2-7621-1914-6

1. Mort.
2. Mort – Aspect religieux.
3. Mort – Histoire.
4. Droit à la mort.
5. Mort – Aspect moral.
1. Bureau, Serge, 1955 .

HQ1073.A94 1996   306.9   C96-941240-1

Dépôt légal : 4ᵉ trimestre 1996
Bibliothèque nationale du Québec
© Éditions Fides, 1996

Les Éditions Fides bénéficient de l'appui du Conseil des Arts du Canada et de la Société de développement des entreprises culturelles du Québec (SODEC).

À mon père, décédé le 29 novembre 1991
À ma mère, décédée le 14 décembre 1991
À ma sœur, décédée le 25 mai 1995

Présentation

Ce projet, ayant pour thème la « mort », a pris naissance environ un an après la disparition de mes parents. Mon père est décédé le vingt-neuf novembre mille neuf cent quatre-vingt-onze et ma mère le quatorze décembre de la même année. Rien ne laissait présager la mort de mes parents. La maladie fut intense et de courte durée. Quelques mois et je me retrouvais comme tant d'autres, orphelin, plein de larmes et de tristesse, devant un mur de questions et de réflexions.

J'ai donc pensé à une série radiophonique, sous forme d'entretiens, pour partager avec les auditeurs et les « invités » mes réflexions, mes angoisses et mes questions, en sachant que, chacun de nous, un jour ou l'autre, se retrouve devant la mort, la sienne ou celle des autres.

Aujourd'hui, la mort a été conçue en essayant de capter les différents visages anciens et actuels de la mort, en questionnant les invités d'une manière toute personnelle mais sans perdre de vue les questions que tout le monde se pose face au phénomène de la mort.

La mort est un sujet sans limite. Elle nous concerne autant que la vie. Tout peut se rattacher à la mort, la philosophie, l'éthique, les sciences, les religions et la sociologie.

Jamais je n'ai eu la prétention de percer les mystères de la mort. Malgré les recherches, les lectures et les amorces de réponses aux questions, elle demeure énigmatique et douloureuse. Le fait d'en parler et d'y réfléchir rend peut-être son existence moins difficile à vivre ou du moins plus supportable.

Aujourd'hui, la mort m'apparaît comme un outil de cheminement et un moyen de mieux vivre l'impact de ses conséquences. Ces entretiens permettent de mieux saisir ce qui, un jour, n'importe quand, arrive à ceux qu'on aime ou à nous-mêmes, c'est-à-dire de disparaître pour toujours.

Ce travail m'a permis de faire des lectures mémorables, de découvrir des auteurs que je n'aurais peut-être jamais lus et surtout de rencontrer des gens sensibles, ouverts et généreux.

Je me dois, par ailleurs, de remercier la direction de la chaîne culturelle FM de Radio-Canada pour sa confiance envers mon travail de réalisation et bien sûr les éditions Fides pour leur intérêt envers ce travail qui, maintenant, prend la forme d'un livre.

Aujourd'hui, la mort aura été une grande aventure intense et parfois bouleversante, une aventure qui prendra fin avec la mort et encore? que sait-on de l'au-delà?

Quelques amis m'ont supporté tout au long de cette expérience, avec amour, je leur en suis très reconnaissant.

Je souhaite que ces écrits vous fassent autant de bien qu'ils m'ont permis d'apprécier la vie dans toute sa splendeur.

Serge Bureau

On ne meurt pas chacun pour soi,
mais les uns pour les autres,
ou même les uns à la place
des autres, qui sait?

Georges Bernanos

I

La mort dans l'histoire

ENTRETIEN AVEC MICHEL VOVELLE

Professeur à l'Université de Paris I et auteur. Il a publié en 1983 *La mort et l'Occident de 1300 à nos jours*, chez Gallimard.

La mort des hommes est la condition indispensable de la survie de l'espèce, de la poursuite de l'aventure humaine sur terre. Une humanité dont les hommes, brusquement, seraient immortels manquerait en quelques années de l'air, de l'énergie, de la nourriture et de l'espace nécessaires pour assurer son existence. L'espèce humaine disparaîtrait de la planète. Autrement dit, sans la mort de l'homme, il n'y aurait ni société, ni histoire, ni avenir, ni espérance.

Maurice Marois, « Passé et avenir de la vie, sciences et responsabilités », les *Cahiers de l'institut de la vie*, juin 1964.

SERGE BUREAU : *Après avoir écrit un ouvrage aussi volumineux et important que* La mort et l'Occident de 1300 à nos jours, *en êtes-vous arrivé à une constatation similaire à celle de Maurice Marois ?*
MICHEL VOVELLE : La mort est, pour l'historien, un des éléments auxquels il doit inévitablement se confronter, parce qu'elle entre dans les invariants qui dessinent la

trame de la destinée humaine. Mais cet invariant-ci n'a jamais cessé de changer. C'est ce qui en fait un test essentiel pour apprécier les attitudes, les comportements et les représentations collectives des hommes. Nous travaillons dans une continuité, certes, mais une continuité où se réflète tout un jeu d'esquives, parce qu'on n'a jamais cessé de tricher, de ruser avec la mort. Mais en même temps qu'on ne cesse de ruser avec elle, la mort représente tout de même une épreuve de vérité par laquelle l'homme se révèle et délivre finalement un reflet de la façon dont il conçoit sa vie.

À travers les nombreux visages qu'elle a pris au cours des siècles, la mort semble malgré tout demeurer aussi mystérieuse, aussi impénétrable...
Le mystère reste total parce que les hommes se sont complus à embrouiller le problème. Ils ont parfois rêvé de la mort, de la réduire à ses coordonnées biologiques, ou à ce passage inévitable... Rappelez-vous Voltaire qui dialogue de façon imaginaire avec Pascal, et qui écrit : « La mort, il suffit de n'y point penser. » C'est vrai, il suffit de n'y point penser, mais en même temps on y pense toujours. Lorsque Diderot se trouve dans le salon du baron d'Holbach, le philosophe matérialiste, et qu'il en écrit la chronique à son amie Sophie Volland, on s'aperçoit qu'ils en parlent toujours. Ils en parlent sur un ton parfois volontairement dérisoire, ironique, mais souvent très sérieusement.

Il y a eu au Moyen Âge la crainte de la lèpre, on parlait aussi de la mort punition, ce sont des peurs qui existaient à cette époque. Croyez-vous que ces peurs rejoignent nos inquiétudes actuelles face au cancer ou au sida ?

C'est vrai, le Moyen Âge investissait cette charge sur la lèpre comme maladie mortelle. Ce fléau éveillait une série d'harmoniques dans l'imaginaire ; c'était le roi Hérode, c'était la punition divine. La syphilis est d'autant plus ressentie qu'elle est nouvelle, même si on s'interroge sur ses origines véritables ; elle apparaît comme une punition dans la mesure où elle frappe les hommes à partir de l'acte sexuel. Viendront ensuite les relais, dont la tuberculose, la phtisie, qui a le caractère d'être une maladie mortelle, mais de lent dépérissement, et qui coexistera avec le choléra, l'autre maladie punition, cataclysme du XIXe siècle. Si on lit les grands romans du début de ce siècle, ceux de Thomas Mann, de Roger Martin du Gard ou autres, la syphilis reste encore la maladie maudite ; dans *Le Docteur Faustus*, elle est la marque du génie, ou enfin, elle y est associée.

Le XXe siècle voit l'émergence des maladies dégénératives, mais qui n'ont pas suscité un imaginaire. On retrouve le silence qui caractérise notre période. On constate, dans nos sociétés développées, cette nouvelle peur du retour de maladies mystérieuses, comme la maladie du légionnaire qu'ont connue nos amis américains dans les années 1970. Ça n'a été qu'un épisode sans suite, mais j'y verrais presque la préfiguration de la fixation qui s'inscrit aujourd'hui autour du sida.

Le cimetière apparaît à travers les époques comme une pré-occupation constante : les morts dans la ville, les morts hors de la ville ; les morts dans l'église, hors de l'église... Comment se fait-il qu'on se soit tant préoccupé de la place que doivent occuper les morts ?

Le premier trait de l'hominisation, perceptible dans les fouilles préhistoriques, c'est le souci d'enterrer les morts ; ce qui nous différencie, petitement mais significativement, des autres animaux. Le fait que nous réservions une place particulière aux morts induit d'emblée un rapport entre morts et vivants. Si on remonte simplement à l'Antiquité romaine, pour se placer à l'origine de la plus immédiate de nos sociétés occidentales, on voit comment les Romains disposaient leurs tombeaux en dehors de la ville, sur les voies de communication autour de Rome, la voie Appienne et d'autres. Cette manière de traiter les morts sera bousculée, c'est le moins qu'on puisse dire, par les invasions barbares, avec les tumulus, avec les grandes tombes où les chefs ou les rois mérovingiens se faisaient enterrer avec les signes extérieurs du pouvoir, avec leurs bijoux, avec leurs richesses, et éventuellement leurs chevaux, leurs armes et leurs esclaves. Au Moyen Âge, nous aurons l'occasion de suivre les différentes étapes d'une dialectique qui se poursuivra presque jusqu'à hier, celle de l'église et du cimetière. C'est à l'église, au moutier, qu'on retrouve, au temps de la féodalité, les preux et les saints, les représentants de la classe chevaleresque et ceux des clercs, des évêques, des chanoines, des religieux ; c'est l'époque des gisants. Ce fait ne concerne cependant que la petite minorité du monde chevaleresque. Selon les études archéologiques médiévales, le cimetière est villageois, et sans doute ne paie pas de mine : très peu de croix, des poteaux, parfois incisés...

... cela servait d'ailleurs de place publique.
Disons que c'est un élément qui appartient au terrain commun. Les prêtres se plaignent qu'on y fasse pâturer les cochons, qu'on y danse le dimanche, donc que le cimetière soit un lieu de sociabilité, et par là même un lieu de rencontre entre les vivants et les morts. La fin du Moyen Âge verra quand même se développer une sorte de régulation du cimetière. On y apporte plus de soins ; il y a parfois des croix ornées — la croix, qui au milieu symbolise la sanctification du lieu —, des plaques tombales ; il y a parfois aussi la lanterne des morts qui a pour but, tout en s'en protégeant, d'éloigner les mauvais esprits et de signaler le lieu des morts ; et puis il y a le charnier tel qu'on le voit en Bretagne et d'autres lieux.

L'âge moderne verra un curieux mouvement, en plusieurs phases. D'abord, dans les sociétés de la Contre-Réforme, au XVIe siècle, on observe la tentation des vivants d'enterrer leurs morts dans les églises. Pensez, par exemple, que dans l'Europe méridionale, à Bonifacio dans le sud de la Corse, 80 % des défunts sont enterrés dans l'église !... D'où cette image d'une église dont le sol est constamment bouleversé par les inhumations. Et puis à la fin du XVIIIe siècle, les vivants ont décidé de s'éloigner des morts, ou plutôt d'éloigner les morts de leur proximité. À cela ils ont trouvé de bonnes raisons... D'abord les prélats, les clercs, depuis longtemps voyaient d'un assez mauvais œil cette *colonisation* des églises par les morts, mais le relais est véritablement pris par les savants, les médecins, les hommes des Lumières qui avancent des raisons d'hygiène. On cite des exemples de vivants asphyxiés par les vapeurs méphitiques que dégagent les morts. Vrai ou faux ? C'est aussi l'époque où l'on craint d'être enterré vif.

Il y a en tout cas un fantasme fin de siècle qui se traduit par toute une série de mesures officielles. En France, en 1776, et à des dates voisines en Autriche, en Suède, en Espagne et ailleurs, les souverains ou les ministres de l'époque des Lumières et du despotisme éclairé légifèrent pour ce que Philippe Ariès a appelé « les morts en exil » ; c'est l'exil des morts dans un cimetière qu'on établira à la périphérie des agglomérations, un cimetière jardin : le Père Lachaise, le cimetière de Montparnasse, le cimetière central de Vienne ou de Stockholm. Mais le mouvement se déploie surtout à partir des années 1830 ; on peut parler d'un cimetière romantique ou post-romantique qui deviendra le lieu du nouveau culte des morts entre 1830 et 1920.

Aujourd'hui, on trouve de très beaux cimetières. Combien de temps n'ai-je pas passé dans le cimetière du mont Royal, du chemin de la Côte-des-Neiges ? Je m'y suis perdu une fois, j'ai failli ne pas en sortir ! Mais c'est un très beau cimetière, quasi à l'italienne ; d'ailleurs il y a eu des facteurs qui sont évidemment italiens. Il est tout à fait représentatif du cimetière post-romantique, un peu kitsch ensuite ; mais ne vous y trompez pas, ce cimetière est aujourd'hui menacé !

Oui, c'est un fait. Le problème du cimetière n'est pas totalement réglé. On se demande où est l'intérêt de prendre de si grandes étendues pour ensevelir les morts alors qu'on peut très bien les brûler.

On en revient toujours à la question : «Comment s'en débarrasser?» Les morts tiennent de la place, et en France on en vient actuellement à remettre en question le rêve d'immortalité appelé concession perpétuelle ; d'où la tentation de précariser les concessions et d'accélérer la rotation des morts.

La dévotion chrétienne aux morts semble être apparue assez tard dans l'histoire.

C'est vrai. Il y a une certaine simplicité au début du Moyen Âge jusqu'à la fin de cette époque, où l'on voit se complexifier tous les rituels, les gestes autour du dernier passage, avec le combat pour imposer l'extrême-onction par exemple, qui a du mal à s'implanter pour des tas de raisons, car les laïcs s'en méfient. Ne dit-on pas que si on réchappe de la mort après avoir reçu l'extrême-onction, on ne pourra plus se livrer à l'œuvre de chair ? L'extrême-onction est définie par des historiens catholiques comme un sacrement mal-aimé ; mais l'Église lutte pour imposer cette discipline et les obsèques chrétiennes, le cortège conduit par le prêtre, la veillée funèbre à l'église. Elle lutte aussi pour discipliner ce qui lui paraît le comble du péché, c'est-à-dire le banquet funèbre avec ses excès. L'Église a donc mené tout un travail de conquête qui culmine dans la Contre-Réforme, au lendemain du concile de Trente. La pastorale de la mort devient alors un élément central dans toute la pastorale de la vie.

C'est ce qui amène d'ailleurs cette fameuse littérature sur l'art de bien mourir.

Comme les livrets intitulés *L'art de bien mourir*, de l'imprimeur Vérard, élaborés au XVe siècle et illustrés de bois gravés. Ils seront d'ailleurs réédités jusqu'à la fin du XVIIIe siècle, et au XIXe siècle également, mais sous des formes différentes. Cette petite littérature polulaire est la littérature des fins dernières ; sans doute volontiers terroriste, elle place néanmoins la mort au cœur de la vie.

J'ai l'impression que c'est du XVIIIe siècle qu'est issue notre conception contemporaine de la mort.

C'est dans la pensée des Lumières que s'élabore tout un ensemble de traits qui conditionnent notre vision actuelle de la mort ; c'est-à-dire qu'on assiste d'abord à l'évolution profane qui « autonomisera » la sensibilité à la mort par rapport à un héritage religieux, tout en retenant, ne le contestons pas, un ensemble de traits essentiels. Là aussi s'inscrit le mouvement, que j'évoquais à partir de Diderot ou de Voltaire, d'élaboration d'une nouvelle vision de la mort fondée d'abord sur les valeurs d'affectivité. C'est ce que l'ami Philippe Ariès appelle « le passage de la mort de moi à la mort de toi ». « La mort de moi », c'est la mort du Moyen Âge et de l'âge moderne, déjà individualisée mais très profondément égoïste, d'une certaine façon, par sa crispation sur le salut individuel. Et puis on passe à « la mort de toi », toi inoubliable objet aimé ; c'est-à-dire à la mort du proche, de l'épouse, de l'enfant. Corrélativement à cette nouvelle sensibilité s'élaborent les traits de la vision d'une survie dans la pensée collective, dans l'affection des proches et dans la mémoire collective de la cité, et donc d'une immortalité civique. Or, ces traits, nous les retrouverons au cœur même de ce que l'on a appelé, peut-être un peu abusivement, mais le terme peut être défendu, le nouveau culte des morts.

C'est aussi le début de la commercialisation.
Ah oui, à partir du moment où les morts vous sont chers..., pardonnez-moi le mauvais glissement, mais si les morts deviennent chers, c'est qu'on investit sur eux! On le faisait déjà dans le cadre des pompes baroques !... On investissait en messes, on investissait en indulgences... Mais c'est une autre forme d'investissement qui s'imposera, qui s'incarnera d'abord dans ce que j'appellerais le modèle anglais, à la fois des funérailles, de l'ensevelissement et du cimetière, avec la naissance dans la société anglaise, dès la seconde moitié du XVIIIᵉ siècle, du *Funeral Director.*

Il s'agit du directeur de pompes funèbres ? Est-ce la même chose ?
Oui... Mais le modèle anglais est très spécifique par son caractère de libre entrepreneur, d'agressivité, d'ores et déjà, et par le lieu où il exerce, le *Funeral Parlor.*

Qui sera repris finalement par les Américains...

Mais il sera plus que repris... C'est-à-dire que l'expérimentation anglaise du XIXe siècle apparaît rétrospectivement comme artisanale ; c'est un peu le capitalisme sauvage, si vous voulez, par référence aux dimensions que la civilisation américaine donnera à ce traitement commercial de la mort, aussi bien au niveau de la présentation, de la préparation des morts, des funérailles, qu'au niveau de l'évolution commerciale du cimetière du XIXe au XXe siècle.

Lorsqu'on aura vaincu l'obligation d'assumer les affres de la souffrance physique et de l'agonie — comme on est en train de le vivre actuellement — croyez-vous qu'il faudra réinventer la mort ?

Il y a toujours une part de rêve... Benjamin Constant a une très belle et très forte page à ce sujet. Il dit : « Il y aura toujours un dernier moment, un dernier passage », et je ne sais pas si c'est pessimiste d'ajouter que ce dernier passage sera toujours douloureux.

II

Mort et mythologie en Grèce ancienne

ENTRETIEN AVEC GIUSEPPE SAMONA

Spécialiste des religions anciennes et professeur au Centre d'études sur la mort à l'Université du Québec à Montréal.

La vraie mort est l'oubli, le silence, l'obscure indignité, l'absence de renom. Exister au contraire, c'est, qu'on soit vivant ou qu'on soit mort, se trouver reconnu, estimé, honoré. C'est surtout être glorifié, faire l'objet d'une parole de louange, d'un récit qui relate sous forme d'une geste sans cesse reprise et répétée un destin admiré de tous.

Jean-Pierre Vernant, *L'Individu, la mort, l'amour : soi-même et l'autre en Grèce ancienne,* collection «Bibliothèque des histoires», Paris, Gallimard, 1989.

SERGE BUREAU : *Dans la Grèce ancienne, le héros et la mort sont intimement liés, mais avant d'aborder ce thème important, pourrait-on définir ce qu'est la Grèce ancienne ?*
GIUSEPPE SAMONA : Il y a d'abord la Grèce qu'on appelle homérique, c'est la Grèce de la religion olympienne, de la mythologie et du mythe par excellence ; c'est une Grèce liée à une société de type aristocratique. Il y a aussi

une Grèce populaire, celle des campagnes — une Grèce anti-aristocratique si on veut — liée à des divinités différentes, homériques ou autres, comme Dionysos ou Déméter, qui ont une place marginale dans la religion homérique. Finalement il y a la *polis* ; je pense d'abord à la révolution démocratique athénienne qui récupère des éléments de la Grèce homérique et de la Grèce populaire mais dans un système différent, puis à une révolution politique, qui est aussi une révolution culturelle et religieuse ; pensons à la tragédie et à la place qu'aura dans la *polis* la philosophie avec Socrate, Platon, Aristote, etc.

Le passage que vous avez lu se réfère à la Grèce homérique, elle est importante parce que c'est la phase qui précède, mais aussi parce que c'est la Grèce par antonomase. Les Dieux de l'Olympe sont toujours restés le point de repère, même après la fin de la société aristocratique qui les avait créés.

Y a-t-il des points communs entre toutes ces Grèce ?
Oui, ce ne sont pas des compartiments séparés, il y a des relations, et surtout, il s'est formé dans la Grèce d'Homère une idéologie qui est restée présente dans toute l'histoire du pays.

Retrouve-t-on partout la même idée de la mort ?
Disons qu'il y a une vision de la mort — celle que Vernant, Detienne et les autres ont étudiée — qui s'affirme dans la Grèce homérique et se perpétue jusqu'à la *polis* et jusqu'à Athènes. Il y a donc une continuité, même si des idéologies différentes s'affirment et même si, liées au

culte de Dionysos par exemple, on constate différentes idées de la mort.

Par rapport à cette Grèce, comment définiriez-vous la mort, l'au-delà et l'immortalité?
C'est d'abord une mort qui possède le regard hideux, insupportable, de la Gorgone ou d'autres divinités au visage féminin comme Kère ou Moira, ou Moros — qui même s'il n'est pas féminin de genre grammatical, reste néanmoins une divinité de nature féminine. Avec ces divinités, nous sommes dans l'univers pétrifié du silence ; nous sommes dans l'univers de ce que nous ne pouvons dire.

Par contre, la mort au masculin, c'est Thanatos, le frère d'Hypnos, le Sommeil. Avec Thanatos, la mort n'est plus hideuse, puisque son rôle n'est pas de tuer, mais au contraire d'accueillir les défunts et de s'occuper de quiconque perd la vie. Iconographiquement représenté comme un guerrier jeune et puissant, Thanatos représente l'idéal héroïque de la belle mort, c'est-à-dire la mort dans la fleur de l'âge, au combat.

J'ajouterais que si le Grec avait peur de quelque chose, ce n'était pas tellement de sa mort, de la mort en tant qu'objet métaphysique, mais plutôt de la mort de l'autre, de la constatation matérielle d'une absence. On pleure donc la mort de l'autre : Achille pleure la mort de Patrocle ; Thétis, la mère d'Achille, pleure la mort de son fils ; Priam pleure la mort d'Hector... Or ce n'est pas un hasard si un univers de l'au-delà, triste, silencieux et inconsistant (qui ressemble par beaucoup d'aspects à l'au-delà mésopotamien) fait contrepoids à ces normes de vie et de combat. On constate que les morts sont modelés sur les vivants mais qu'ils sont moins puissants, qu'ils n'ont pas de force, pas de vigueur. Ils ne sont pas lumineux; mais je dirais surtout que les morts sont privés de leur mémoire, qu'ils ne se rappellent pas leur propre individualité. Il n'y a pas un possible paradis pour les héros d'Homère; il n'y a, pour tout le monde, que cette espèce d'exil anonyme.

Si par mort on veut signifier ces sentiments obsessionnels qui nous concernent en tant que fils d'une culture occidentale, et fils d'une culture elle-même obsédée par la mort, qui a su et qui a pu créer une formidable eschatologie, on peut dire, dans ce sens, que les Grecs n'avaient pas peur de la mort. Éventuellement les Grecs s'attaqueront à la vieillesse, mais pas à la mort en tant que telle. Leurs peurs puissantes étaient d'un autre genre.

Il est étonnant de constater que la mort mène vers le chaos, l'absence, le «non-être», que l'immortalité de l'âme n'ait finalement aucune importance, et qu'en même temps le souvenir que l'on garde du défunt soit crucial; c'est comme si on ne se préoccupait pas de l'immortalité de l'âme mais uniquement de celle du héros.

Le fait que nous parlions ici d'Achille, d'Hector, de Priam confirme d'une certaine façon que les Grecs avaient raison. Il n'est pas étonnant qu'en perpétuant leurs noms et leurs gestes ces personnages continuent à vivre... Le souvenir, la mémoire ont affaire avec le temps, et le temps a affaire avec la mort. Les Grecs ont tout simplement inventé une solution particulière afin d'essayer de dominer le temps, donc de dépasser la mort ; ils ont sauvegardé les seules choses qui pouvaient être complètement culturalisées, c'est-à-dire la narration, le chant, les noms.

Je crois qu'en étudiant ce que les Grecs faisaient des cadavres, on introduit un autre élément pour comprendre de quelle façon ils essayaient de rendre immortels les noms du héros. En Égypte, à cette fantastique eschatologie, répond un cadavre qui doit être conservé intact. Le cadavre intact est le siège, la clé, pour une possible immortalité ; si la dépouille est abîmée, il ne peut y avoir d'immortalité.

En Mésopotamie, il n'y a pas de souci eschatologique, il n'y a donc pas de soins particuliers du cadavre, il est tout simplement inhumé. Or, en Grèce, dans l'*Iliade*, dans le monde d'Homère, on dispense des soins incroyables au cadavre ; il y a une obsession de le conserver. On a même retrouvé dans le monde d'Homère des traces des techniques d'embaumement égyptiennes. Pourquoi conserver les cadavres si on ne croit pas à l'immortalité ? Et plus encore, le cadavre du héros, qui aura été conservé pendant cinq, dix, quinze jours, sera ensuite brûlé, détruit. Pourquoi ce souci de conservation du cadavre si c'est pour le détruire aussitôt ?

Je pense qu'il faut essayer de comprendre les finalités de cette culture. C'est comme si on devait figer l'ensemble du cadavre dans toute sa beauté. La chose que l'on craint le plus n'est pas la mort, mais l'idée que le corps puisse être dévoré par la terre et par les vers. La culture décide donc de détruire elle-même le cadavre pour empêcher la destruction par la nature. Ce n'est pas aussi paradoxal que cela peut le paraître ; qu'on pense par exemple à tous les récits de gens qui ont essayé de se suicider et qui donnent pour explication leur peur de la mort : «J'avais peur de mourir, j'étais dévoré par une terrible peur de mourir, j'ai donc essayé le suicide.» Mais pourquoi chercher la mort si elle nous fait peur? Parce que c'est son caractère imprévisible qui nous fait peur! On a peur qu'elle nous frappe au hasard. On tente alors de la déjouer; on l'anticipe en décidant nous-même du moment de la mort.

C'est un peu la même chose qui se passe dans le monde d'Homère. La culture s'approprie le corps, le traite, le conserve, puis décide, elle, de la façon de le détruire. Seuls les ossements seront épargnés pour être mis dans un tombeau et ensevelis ; on plantera une stèle, et cette stèle qui émergera, qui pointera vers le ciel, sera le stimulus pour ceux qui devront chanter les noms. Le feu qui détruit les parties périssables du corps en sauvant la seule partie qui n'est pas périssable, c'est-à-dire les ossements, libère aussi le chant des générations qui suivront. Si au départ il y avait quelques points de comparaison possibles avec l'Égypte, le point d'arrivée est complètement différent : dans un cas, on a l'immortalité, et dans l'autre, l'immortalité seulement par la culture.

Si la mort idéale est celle du jeune héros, et de préférence sa mort au combat, est-ce une interprétation erronée d'affirmer — toujours à la lecture des textes d'Homère — que

*puisqu'il faut mourir un jour, aussi bien en finir mainte-
nant ?*

Il y a un très beau passage de l'*Iliade* dans lequel un
héros (je ne me souviens plus si c'est Glaucos ou
Sarpédon) dit que, si on avait le choix d'être éternellement jeune, ça vaudrait le coup d'éviter la mort, mais
puisque l'homme est condamné à vieillir, et considérant
que vieillesse et perte d'énergie sont ce qu'on redoute le
plus, la chose la plus importante est d'essayer de sauver
son nom. On ne recherche pas la mort, mais on ne la
craint pas non plus. Si on a la chance de gagner tous ses
combats, on continuera à combattre. La mort, c'est l'enjeu qu'on connaît.

*La mémoire du mort, sa reconnaissance, est donc très impor-
tante. Comment s'organise-t-on dans la Grèce antique pour
garder en mémoire ces héros morts au combat ?*
Si on revient à Homère, on se rend compte d'un rituel
très détaillé dont une partie peut durer de deux à dix-
sept jours (ce qui est le cas d'Achille, le plus long que
nous connaissions) : c'est la *protésis*, c'est-à-dire l'exposition du cadavre autour duquel s'amorcent les lamentations rituelles, qui sont en fait les premières manifesta-
tions du chant qui perpétuera le nom du héros. Vient
ensuite l'*ekfora*, le transport du cadavre dans le lieu où il
sera inhumé ou brûlé — parce qu'en réalité, en Grèce, il
y a eu une alternance entre crémation et inhumation,
mais dans Homère on trouve toujours la crémation.
Après avoir brûlé le cadavre, on conserve les ossements
dans une urne qui sera ensuite mise dans un tombeau et

enterrée comme s'il s'agissait d'une inhumation normale. Enfin, la stèle sera plantée au-dessus du tombeau pour servir de point de repère et de stimulus pour ceux qui chanteront les noms. Voilà comment on se rappelle ; mais il est certain que ce qui subsiste, au-delà de ce rituel, c'est la véritable tombe des héros d'Homère, c'est la chose qu'on continue à lire et à relire : c'est l'épopée, c'est l'*Iliade* et l'*Odyssée*.

Il y a donc dans la Grèce ancienne ce qu'on appelle la belle mort et l'inverse, c'est-à-dire le cadavre outragé. Comment expliquez-vous cela ? Ce sont les deux visages de la mort ?
Le cadavre outragé, c'est le risque de tomber dans la mort affreuse, le risque de voir ce beau corps déchiré par les ennemis. Il est intéressant de voir qu'à la fin d'un combat où une personne est morte, il y a un autre combat entre ceux qui essaient de récupérer le cadavre pour le soigner, le conserver, « le lamenter », et ceux qui essaient de se l'approprier pour le découper en morceaux, le donner aux chiens, aux oiseaux.

...Non seulement faut-il tuer l'ennemi, il faut en plus détruire son corps...
Il faut détruire son corps dans le sens où il faut essayer de l'arracher à la belle mort, justement parce que la chose que l'on craint le plus n'est pas de mourir, mais de perdre la belle mort ; on craint que nos proches ne puissent pas avoir l'occasion de nous pleurer d'abord recomposé sur un lit, puis de nous brûler.

Comparativement aux chrétiens qui vont au ciel, il semble qu'il n'y ait pas beaucoup de héros d'Homère qui vont rejoindre les dieux... Ça reste assez nébuleux, assez exceptionnel...

Nébuleux, non; exceptionnel, oui. Pour les Grecs il n'y a pas de paradis, pas d'immortalité. Les dieux sont immortels, pas les hommes; sur ce point, il n'y a pas de doute. Il y a quand même des cas exceptionnels dans l'*Odyssée*, comme celui de Ménélas qui est enlevé et transporté dans les champs Élysées — qui n'ont pas été inventés par les Parisiens, Homère en parlait déjà! — et ces champs deviendront, avec Hésiode et Pindare, les célèbres îles des bienheureux; mais c'est un lieu où les héros ne peuvent être transportés que s'ils sont vivants. L'immortalité de l'Égyptien ou du chrétien passe par la mort, elle dépasse la mort et s'ouvre sur une nouvelle vie plus puissante; tandis que si on trouve une immortalité dans la Grèce homérique — et c'est exceptionnel —, c'est toujours une immortalité vivante, c'est-à-dire qu'on arrête la vie pour la figer dans le moment de la jeunesse. À vrai dire, il y a des cas très exceptionnels, comme celui d'Héraclès, qui conquiert une immortalité en passant par la mort; mais le modèle d'immortalité le plus fréquent est celui de Ménélas, de Ganymède, d'Ulysse quand Calypso lui propose de rester à Ogygie, de rester toujours jeune. Ulysse aurait pu alors atteindre l'immortalité, mais il aurait du coup perdu son itinéraire de retour à la maison, il aurait perdu la possibilité d'être chanté et serait resté en dehors du temps. Voilà qui nous donne une idée de la mentalité grecque. Les Grecs sont tellement convaincus que l'homme vit dans le temps que la seule possibilité « d'immortalité » est de passer dans le temps et d'offrir son nom et sa gloire aux générations futures.

Est-ce que le fait de parler beaucoup de la mort, dans leur épopée, est une façon pour les Grecs de s'approprier la mort, de l'intégrer à la vie ou de la conjurer ?
On parle beaucoup de la mort, mais de quelle façon ? Ce sont des paroles prophétiques qui annoncent la mort de quelqu'un, ou bien des descriptions très méticuleuses de blessures mortelles, mais il n'y a jamais une explication de la mort en tant que telle. Vous ne trouverez pas un seul passage de l'*Iliade* ou de l'*Odyssée* dans lequel on tente une explication. Il faut attendre Aristote pour trouver en Grèce une tentative d'explication de la mort. Au moment de la mort, Homère dit : « La psyché s'envola », c'est tout ; ou on emploie d'autres expressions pour signifier qu'on est passé à la mort, comme s'il y avait quelque chose d'absolument naturel dans le fait en soi. On annonce donc la mort, on décrit les blessures qui y conduisent, mais on ne décrit pas et on n'explique pas la mort en tant que telle.

Sur le plan mythologique, on utilise un nom masculin pour dire la mort, c'est Thanatos ; mais lorsqu'on parle d'épouvante ou d'horreur, on utilise tout à coup le féminin ; ce n'est sûrement pas un hasard...
Non, ce n'est pas un hasard. Les Grecs n'étaient pas anti-vieillesse, ils avaient une grande considération pour les

vieux, mais, par contre, je ne pourrais pas dire qu'ils n'ont pas été pendant quelque temps un peuple un peu misogyne. Avec toute la sympathie et l'admiration que j'ai pour les Grecs, je constate quand même que le féminin, la femme, a toujours été employé pour essayer de signifier une série de caractérisations négatives, jusqu'à conduire au chef-d'œuvre de la misogynie avec Hésiode, qui a dépeint le caractère de la femme d'une façon absolument épouvantable. Mais la femme n'est pas seulement l'atrocité de la mort, elle peut aussi être sa beauté. Pensez aux sirènes... Les sirènes, c'est le pouvoir de la séduction merveilleuse, le charme mortel qui attire à soi pour ensuite révéler cette île avec des cadavres en putréfaction. C'est sûr que toutes les images négatives de la mort sont toujours au féminin, que ce soit la Gorgone, ou les Moires, ce sont toujours des personnages à visage de femme, et possiblement avec des griffes de bêtes sauvages ; c'est monstrueux...

Hésiode va jusqu'à dire qu'avant la venue de la femme, ou la création de Pandore, la mort n'existait pas pour les mâles. Il y avait une mort, mais c'était une mort différente. Dans l'âge d'or, avant la création de la femme, les hommes vivaient dans une jeunesse perpétuelle, puis à un certain moment ils mouraient dans le sommeil, d'un long trépas. Ce n'est donc pas que la mort n'existait pas, mais bien qu'elle ressemblât beaucoup plus à un doux sommeil qu'à une mort terrible.

C'est vrai que la femme a aussi introduit le travail dans les champs, la peine, la douleur et toute une série d'autres choses, mais il ne faut pas prendre Hésiode comme un symbole de la mentalité grecque par rapport aux femmes; il y a aussi des positions beaucoup plus ouvertes; cette culture a quand même créé des personnages qui ont fait de très belles choses concernant les femmes, pensons à Sappho, ou à Pindare...

Que reste-t-il dans notre société moderne de cette approche de la mort chez les Grecs anciens?

Il y a des points de contact. Dans notre culture aussi on observe un grand culte de la force, de l'énergie, de la jeunesse. C'est une culture «adultocentrique», si on veut, mais dans laquelle nous essayons, contrairement à la culture grecque, de prolonger la vie par tous les moyens. On pourrait dire : «Voilà le feu!», puisque nous recommençons aussi à brûler les cadavres; mais là encore il s'agit d'un feu complètement différent: nous nous débarrassons des corps, tandis que le feu des Grecs concluait une exposition extraordinaire et une acceptation complète du cadavre. C'est sûr que nous pouvons retrouver des traces de cette approche de la mort, et il y en a une extraordinaire, qui est de pouvoir lire et relire l'*Iliade* au-delà des interprétations, et d'y trouver encore un immense plaisir, et peut-être aussi le rêve de cet âge héroïque de l'humanité.

III

La mort au XXe siècle

ENTRETIEN AVEC LOUIS-VINCENT THOMAS

Fondateur de la Société de thanatologie, Louis-Vincent Thomas était professeur à l'université de Paris V Sorbonne et auteur de nombreux ouvrages dont *Anthropologie de la mort*, édité chez Payot en 1976, et *Mort et pouvoir*, chez le même éditeur, en 1978. Il est mort le 22 janvier 1994.

Un de mes pires regrets, je n'ai pas pu le voir après sa mort. J'avais supposé par ignorance que le cercueil serait ouvert pendant le service funèbre et quand je me suis aperçu qu'on l'avait fermé, il était trop tard, il n'y avait plus rien à faire. De ne pas l'avoir vu mort me dépossède d'une angoisse que j'aurais volontiers ressentie. Ce n'est pas que sa disparition m'en semble moins réelle mais à présent, chaque fois que je veux me la représenter, chaque fois que je veux en palper la réalité, je dois faire un effort d'imagination. Il n'y a rien dont je puisse me souvenir, rien qu'une sorte de vide.

Paul Auster, *L'invention de la solitude*, Actes Sud, 1988.

SERGE BUREAU : *Louis-Vincent Thomas, cette réflexion de Paul Auster vous semble-t-elle s'inscrire dans un portrait contemporain de la mort?*

LOUIS-VINCENT THOMAS : C'est un problème de toujours : l'homme ne peut pas ne pas voir son mort. C'est d'ailleurs une des raisons pour lesquelles mourir aujourd'hui sans laisser de traces, ou faire en sorte que le cadavre ne soit pas visible, ne permet pas l'entrée dans le deuil ; c'est souvent une source d'angoisse extraordinaire, parce que les hommes ont toujours voulu voir leurs cadavres.

Personnellement, en ce qui concerne ma propre épouse, je lui ai fait des funérailles, disons à l'africaine, et le cadavre a présidé pratiquement la totalité des obsèques. Je crois que vis-à-vis des profondeurs de notre angoisse, c'est peut-être la meilleure méthode ; mais beaucoup de gens ne veulent pas voir les morts, ça leur fait peur.

Quelles sont les impressions ou les images qui vous viennent en tête lorsque vous pensez à la mort telle qu'elle est présentée ou vécue aujourd'hui ?

On refuse de penser à la mort, ou on estime que c'est un phénomène qui n'est ni naturel ni nécessaire ; on l'a comparé à une agression. Curieusement, quand il y a un mort, on dit chez nous : « De quoi est-il mort ? Qu'est-ce qui l'a tué ? », comme si la mort venait toujours d'un agent extérieur destructeur, un microbe, un virus, ou bien simplement un ennemi, ou un chauffeur de taxi qui vous écrabouille, ou un flic qui vous flingue. Donc, on ne considère pas que la mort est un phénomène naturel, que nous la portons en nous, qu'elle appartient à notre programme génétique et que nous devrons l'assumer un jour ; on fait comme si elle n'existait pas ! D'où aussi les espérances que l'on met dans les sciences et les techniques... En faisant de la mort une maladie comme une autre, on espère peut-être qu'une médecine meilleure saura l'interdire un jour, comme on espère peut-être qu'une civilisation mieux construite pourra faire en sorte qu'il n'y ait plus d'agressions, donc qu'il n'y ait plus de morts.

Avez-vous eu l'occasion de constater ces attitudes sociales dans différents pays?

C'est une des caractéristiques quasi systématiques de l'Occident, et encore plus de l'Occident protestant que de l'Occident catholique. C'est plus un problème du Nord que du Sud, finalement. En Espagne et en Italie, la mort est beaucoup mieux intégrée; d'ailleurs elle est restée un peu au niveau de la démonstration, du déploiement et cela se voit aussi bien dans les funérailles et les corbillards que dans les cercueils magnifiques, et éventuellement les tombes formidables que l'on retrouve dans des cimetières comme ceux de Naples ou de Milan.

Peut-être est-ce parce qu'on y a une autre conception de la mort. Dans le monde protestant, il y a beaucoup plus de sobriété. Il est curieux de voir comment le cadavre y a été pratiquement escamoté; on n'en parle pas. Une des prières consiste à dire au moment de l'inhumation: «On remet à la terre ce qui lui appartient.» Le mort, le cadavre, est devenu un «ce», un objet, un neutre. Ça n'est pas du tout compatible avec l'explosion des émotions que l'on retrouve encore dans le monde latin ou en Grèce. C'est peut-être du côté de la catharsis un excellent moyen, mais il est curieux de constater qu'aujourd'hui l'Occident a peur d'exhiber ses émotions.

C'est une des raisons pour lesquelles les marques du deuil sont interdites et qu'il n'y a pratiquement plus de condoléances. On se contente de signer un registre parce qu'on estime qu'il n'est pas bon d'exprimer ses émotions et de communiquer sa douleur aux autres. Vous connaissez peut-être le mot de cet anthropologue anglais qui disait : « Aujourd'hui le deuil (et on n'oublie pas que le mot deuil vient de *dolor* en latin, qui veut dire souffrance) est comme la masturbation ; cela ne se fait que dans le secret de l'alcôve. »

En voulant parler de la mort contemporaine, sommes-nous allés trop loin ? A-t-on exagéré selon vous l'emploi de mots ou d'expressions telles que « mort tabou », « déni de la mort », « technocratie du mourir », « absence de rites » ?
À la limite, le tabou est de l'ordre de la névrose, tandis que le déni est quand même une psychose. Le déni consiste à nier la réalité de la mort. Il y a des deuils qui sont de véritables dénis, des deuils où le mort est considéré comme toujours vivant ; tandis que le tabou est simplement une mise à l'écart, un refoulement de la mort, soit qu'on n'y pense pas, soit qu'on imagine toute une série de croyances apaisantes montrant qu'après tout la mort n'est qu'un passage, qu'il y a un au-delà. Et aujourd'hui cette forme réapparaît, et avec une violence assez significative même, du côté de tout le mouvement néo-mystique qui se manifeste avec les étapes proches de la mort, où on essaie de faire du mourant un sage vivant quelque chose d'unique, comme si la mort n'était qu'une apparence, je dirais un acte d'« essentialisation », puisque

l'individu quitte ce qui est fortuit pour atteindre l'essentiel. L'essentiel étant tout son devenir, et à la limite sa fusion dans un tout.

Il existe de nos jours une littérature supérieurement abondante dans ce domaine, qui finit même par être un peu énervante ; même si d'un autre côté il était bon qu'on réhabilitât un peu le courant spiritualiste qu'un manichéisme pragmatique et positiviste avait totalement anéanti.

On peut dire que c'est la technique qui a détruit les rites, mais inversement on peut très bien appuyer des rites nouveaux sur une technique. Prenons l'exemple de la toilette du cadavre, c'était autrefois un acte pieux de purification pour qu'il se présente devant Dieu dans les meilleures conditions possibles, et en même temps un acte de respect à l'endroit du mort ; c'était donc purement religieux. Aujourd'hui ce phénomème a changé de sens dans la mesure où, par la thanatopraxie, il devient l'œuvre de professionnels ; par conséquent, c'est la technique, parlant au nom de l'hygiène, qui a liquidé la toilette traditionnelle, sauf chez les musulmans, chez les juifs et dans les sociétés traditionnelles. On peut cependant estimer qu'à partir de cette restauration, de cette « présentification » du mort qu'est la thanatopraxie, on arrive à réinjecter un travail du deuil peut-être plus facile, justement parce que le mort offre le spectacle serein, le visage apaisé de quelqu'un qui a bien réussi son passage dans un autre état. C'est très bien, selon moi, que le cadavre puisse être exposé dans le funérarium ; cela introduit un travail du deuil que la vision d'un cadavre épouvantable, surtout s'il est mort dans des conditions atroces, rend impossible.

Il est exact que les rites comme les condoléances, les rites de deuil et de fin de deuil, se sont simplifiés ; dans certains cas ils ont même disparu, ou du moins perdu toute une symbolique. Il n'y a qu'à regarder ce qui se passe dans les églises au moment où l'on vous donne le goupillon pour bénir le cadavre : les gens le prennent et l'agitent d'un véritable mouvement « brownien » et le repassent vite au successeur, un peu comme dans le relais quatre fois cent mètres, parce qu'ils ne connaissent pas la signification profonde de ce geste. Voilà un exemple d'une société en panne de symboles parce que la science et la technique les ont détruits.

C'est la même chose qui se passe pour les croix. Que veut dire une croix aujourd'hui dans un cimetière ? Elle indique qu'il y a là un mort ! Alors qu'autrefois la croix avait une valeur symbolique ; je ne dis pas que je le regrette, mais enfin je le constate, auparavant c'était vraiment l'expression de la mort, et plus encore, de la résurrection du Christ. Nous sommes donc en panne de symboles. Je travaille avec beaucoup d'autres personnes en France à ce genre de choses et on assiste justement aujourd'hui à une espèce de restauration des funérailles. On crée de nouveaux rites plus personnalisés, où les gens ne sont pas des spectateurs passifs mais participent, et où l'on peut imaginer toute une série de symboles se rapportant à la personne. Ces symboles peuvent être basés sur des archétypes, comme le fait de boire ou de manger. Je crois beaucoup à la valeur symbolique du parfum. On pourrait très bien le substituer à l'encens d'hier et vaporiser sur le mort le parfum qu'on lui a toujours connu.

Il y a eu un retour à une réflexion sur la mort depuis la fin des années 1960; mais alors qu'on se pose de plus en plus de questions, il y a de moins en moins de réponses. On n'arrive pas encore à saisir la mort...

J'ai écrit plus de trois mille pages sur la mort et je ne sais toujours pas ce que c'est. Une formule que j'aime beaucoup consiste à dire: «Quand je sais, je me tais; quand je doute, je parle; et quand j'ignore, je donne des détails!» C'est un peu le cas de toute la science: la science est une fraction dont le numérateur s'accroît comme une progression arithmétique, le dénominateur comme une progression géométrique. Plus on sait de choses, plus on s'aperçoit qu'il y en a beaucoup qu'on ignore et qu'il y a encore davantage à savoir, et cela ne vaut pas simplement pour la thanatologie, mais aussi pour la physique, les mathématiques et toutes les disciplines.

Parlant justement de vos écrits, vous dites que par rapport aux problèmes relatifs à la mort et au mourir, «la réalité risque de s'imposer avec une rare brutalité tandis que les passions se déchaînent»...

Je veux dire que ce n'est pas en oubliant la mort, en lui tournant le dos, qu'on résoudra les problèmes qui la concernent. La thanatologie, c'est l'étude de la mort et du mourir, et aussi de l'après-mort. Or quand on voit tous les événements qui se passent aujourd'hui dans le monde : la famine, la guerre en Yougoslavie, l'apartheid, la peine de mort et mille et une horreurs, il est bien évident que les passions se déchaînent. Il n'y a qu'à écouter ce qui se dit dans les médias, journaux et télévisions, ou dans les livres. Ce n'est pas en jouant aux saints ou en faisant comme l'autruche qu'on résoudra les problèmes ! C'est pourquoi je dis que les passions risquent de se déchaîner, et elles se déchaînent ! À propos des *Near Death Experiences* par exemple, il y a des guerres terribles entre les spiritualistes et les non-spiritualistes ; ils sont prêts à se taper sur la gueule royalement ! C'est incroyable !

Donc les passions se déchaînent d'un côté, et puis de l'autre, si on ferme les yeux... Enfin, je crois que l'anthropologie « thanatique » n'est peut-être que polémique ! Il y a un tas d'injustices : l'inégalité du mourir selon le sexe, l'âge, l'état social, selon les pays ; les relations étroites entre le pouvoir et la mort, qu'il s'agisse du pouvoir religieux ou du pouvoir politique, se réduisent à un chantage à la mort... Peut-être aussi que cette intrusion excessive de la science et de la technique nous fait oublier l'essentiel de la personnalité humaine... Tout nous cause des problèmes qu'il faut prendre à bras le corps, et plutôt que de se battre à leur propos, il faut essayer d'y voir plus clair, d'y jeter un regard lucide ; ou peut-être tout simplement d'y réfléchir en profondeur. Mais je crois qu'on ne pourra pas y voir plus clair si on ne réalise pas d'abord une espèce de révolution sociale, car si les techniques qu'on emploie pour mieux mourir — notamment l'idéalisation des soins palliatifs — sont de très bonne choses, elles sont aussi un peu comme une fausse réparation, un faux médicament. Alors il faudrait peut-être réformer profondément notre société, mais il faudrait aussi, parce que la mort est l'objet de toutes les disciplines, que les intellectuels pensent à réviser un certain nombre de concepts. Nous sommes un peu au rouet; nous en sommes à nous demander: «Qu'est-ce que la vie? Qu'est-ce que la mort?» La vie et la mort, voilà deux concepts à approfondir; l'espace et le temps également; l'esprit et la matière, et puis peut-être la raison et l'irrationnel. Si on ne fait pas une réflexion épistémologique approfondie sur plusieurs concepts, on continuera toujours de tourner en rond. À moins qu'on ne se borne à défendre des intérêts purement économiques! Je ne parle pas ici des associations de pompes funèbres; je sors d'un colloque de théologiens purs et durs à Angers, et on a été amené à discuter sur le rôle du funérarium et sur le problème de la crémation. C'était un discours très passionné parce que les curés ont une peur terrible que les pompes funèbres les utilisent comme de simples fonctionnaires; c'est peut-être fondé, je ne sais pas. Par conséquent ils sont contre le fait de procéder aux rites dans le funérarium; ils veulent qu'on les fasse à l'église! Alors, pour lutter contre la poussée crématiste, et même si le Vatican a permis la crémation, ils utilisent des arguments qui m'apparaissent un peu ridicules. Ils disent: «Vous pouvez vous faire incinérer, mais choisissez le modèle qu'a pris Jésus, c'est-à-dire de se faire inhumer.» Il faut être sérieux. Quand Jésus a été inhumé il n'était pas en contact avec la terre. Il était dans une grotte! Entouré de bandelettes! Et il s'en est quand même tiré au bout de trois jours dans un fort bon état, «si en tellement bon état», comme on dirait en argot parisien, que même ses disciples ne l'ont pas reconnu!

Si je ne m'abuse, revendiquer une mort douce et digne fait partie de vos préoccupations...
Oui, je crois que c'est un peu le vœu de tout être humain.

Vos choix sont clairs et nets, mais je trouve qu'ils ne sont pas nombreux, c'est-à-dire qu'en laissant de côté l'acharnement thérapeutique et les soins palliatifs, il n'existe à votre sens que deux issues, en l'occurrence l'euthanasie et l'abandon du malade.
Non, je dis que c'est ce qui risque de se produire. Je rejette aussi bien l'acharnement euthanasique que l'acharnement thérapeutique. Je dis simplement que dans certaines circonstances, particulièrement dramatiques, circonstances médicales, circonstances du désir du défunt, l'euthanasie peut, à titre exceptionnel, devenir un moment de l'aide au mourant; mais c'est une situation d'exception. Il ne faut pas non plus généraliser. Il y a des choses contre lesquelles il faut lutter. L'euthanasie clandestine se produit beaucoup plus souvent qu'on le pense dans les hôpitaux; les médecins se livrent à l'acharnement thérapeutique et quand ils baissent les bras, ils ne craignent pas d'inciter l'individu à mourir, ne serait-ce parfois qu'en utilisant le fameux cocktail létal, le DLP, c'est-à-dire le Dolosal, le Largactil et le Phénergan. Je

suis absolument contre ce procédé, et je crois qu'une législation devrait interdire cette euthanasie clandestine qui se fait à l'insu du malade, et parfois même à l'insu de la famille ; mais inversement, il faut exiger un droit à la mort digne. Si effectivement l'individu est aux portes du mourir, s'il a demandé au préalable qu'on ne le laisse pas souffrir inutilement jusqu'à la fin, et s'il y a un accord entre plusieurs médecins, cela peut être un moment d'aide au mourant.

Je crois qu'on n'est pas pour ou contre l'euthanasie ; c'est un faux problème. Au même titre que je suis contre la distinction entre euthanasie active et euthanasie passive. Ne rien faire, c'est déjà faire quelque chose ; il n'y a pas de doute ! Schwartzenberg disait à juste titre : « Quelle différence y a-t-il entre fermer et ouvrir un robinet ? Il n'y en a aucune. » Si vous accroissez le nombre des médicaments et que vous atteignez une dose létale, c'est une euthanasie active. Comme si ne rien faire à l'approche de la mort, ce n'était pas aussi faire quelque chose ! C'est une distinction d'autant plus hypocrite qu'en France, et c'est peut-être là pire qu'ailleurs, elle est inscrite dans le droit ; ainsi, si vous faites une euthanasie dite passive, c'est simplement un délit et vous êtes justiciable de la correctionnelle ; tandis que si vous faites une euthanasie active, c'est un crime et vous devez aller aux assises. Mais les types ne vont jamais aux assises ! Surtout s'ils sont de grands personnages ! Si Schwartzenberg a été puni, ce n'est pas parce qu'il a pratiqué l'euthanasie, on sait très bien qu'il l'a fait ; c'est parce qu'il l'a dit. C'est un délit d'opinion. Alors là, nous sommes en pleine hypocrisie !

Avez-vous l'impression que les mythes entourant l'immortalité, et Dieu sait qu'ils existent toujours, nous empêchent de voir la mort dans sa réalité ? Je pense par exemple à ces gens qui décident d'être non pas inhumés, mais enfermés dans une capsule...
Ah oui!... La «cryogénisation»!

Oui, il y a même aux États-Unis des cercueils avec des bonbonnes d'oxygène, au cas où...
C'est une invention française!... Mais on l'a exportée parce qu'elle coûtait trop cher!

Et il y a aussi, en parallèle, ces croyances en la réincarnation ou en la résurrection, mais de moins en moins peut-être. Enfin, est-ce que ce sont des faits qui nous empêchent de voir la mort dans sa réalité ?
Là, il faut distinguer l'«amortalité» et l'immortalité. L'immortalité, c'est le fait de croire qu'on mourra, mais qu'après tout il y aura la résurrection, y compris celle des corps, comme dans le christianisme. Tandis que l'«amortalité», c'est l'espérance qu'on finira par vivre indéfiniment. Donc la «cryogénisation» est une position mitoyenne. Il s'agit d'empêcher le cadavre de se «thanatamorphoser», c'est-à-dire de tomber en charogne et de se réduire en poussière par la suite, parce qu'un jour on saura interdire les maladies, le vieillissement et la mort. C'est là un phénomène d'«amortalité». Certains ont même dit qu'on le fera à partir des années 2150! Il faut donc se dépêcher. De toute façon, ce n'est peut-être pas si mal pour vous qui êtes jeune, mais pour moi, à mon

âge, c'est foutu! Je pense qu'à ce niveau on est en pleine divagation. Pour tous ceux qui croient dans la résurrection ou dans la réincarnation, ce sont peut-être, d'une certaine manière, des croyances apaisantes; personnellement, je n'y crois pas du tout, mais je crois en ceux qui y croient et je me demande pourquoi ils y croient. L'humanité n'a jamais cessé de réaliser des croyances apaisantes pour essayer de lutter contre l'action dissolvante de la mort.

Est-ce qu'une mort idéale peut exister?
C'est un peu comme si vous me parliez d'un cercle carré. Je ne pense pas qu'il y ait de mort idéale, même si des personnes donnent l'impression, à un certain moment de leur mourir, de vivre quelque chose de très serein. Mais d'abord la mort n'est pas un événement, c'est un très long processus, et on ne sait pas vraiment quand elle commence. J'ai une formule maintenant un peu stéréotypée: je dis que la vie, c'est tout le temps que l'on met pour mourir. Pour vivre aussi, bien entendu, et vivre le mieux possible, le plus agréablement possible. Mais il est quand même exact que le processus de mort est déjà enclenché dans le ventre de la mère. Donc, durant toute notre vie, nous passons notre temps à nous acheminer vers la mort. Cependant, il faut décider à un moment que l'individu est mort, ne serait-ce que pour l'enterrer, ou pour aujourd'hui prélever les greffes; mais on n'est sûr qu'il est vraiment mort que lorsque le cadavre commence à entrer en putréfaction, quand apparaît la fameuse tache verte abdominale; on est alors certain qu'on entre en pourriture et qu'on est définitivement

mort. En fait, je dirais qu'on est vraiment mort seulement lorsque s'éteint la dernière cellule encore vivante dans l'organisme. On ne sait pas en combien de temps ça se passe, par contre. Alors, on peut accompagner les morts jusqu'au moment où ils traversent le miroir ; après il n'y a plus rien, c'est eux-mêmes qui réalisent leur propre destin, si tant est qu'ils en aient encore conscience. N'y a-t-il pas, à ce moment-là, quelque angoisse qui s'installe ? On n'en sait rien. On sait toutefois que lorsque l'individu est accompagné, la consommation de MS Contin est certainement inférieure à celle de l'individu qui meurt seul.

Il faut donc essayer d'avoir la mort la plus sereine, la plus douce, la moins douloureuse possible, mais une mort idéale, qu'est-ce que ça veut dire ?

Est-ce que le fait de réfléchir sérieusement à la mort, ou sur la mort si vous préférez, est une manière pour nos sociétés de protéger une certaine qualité de vie pour les décennies à venir ?

Ça devrait être le cas. Si on redonne à la mort la place qui lui revient, si on réfléchit sur elle pour que l'individu meure dans de bonnes conditions et que le deuil des survivants se réalise d'une façon sereine, je pense que la qualité de la vie y gagnera. Il s'agit de mourir dignement, peut-être pour vivre plus consciemment et dans une dignité accrue. L'étude sur la mort doit avant tout servir les vivants. Je suis persuadé que c'est dans ce sens qu'il faut travailler, et c'est ce qu'on essaie de faire, du moins ceux qui travaillent avec moi.

IV

Un médecin devant la mort

ENTRETIEN AVEC CLAUDE LAMONTAGNE

Médecin et professeur de médecine familiale à l'université Laval.

Front ridé et aride, yeux caves, nez bordé d'une couleur noirâtre, tempes affaissées, creuses et ridées, menton ridé et racorni, peau sèche, livide et plombée, poils des narines et des cils parsemés d'une espèce de poussière d'un blanc terne, visage d'ailleurs fortement contourné et méconnaissable.

Hippocrate, *De morbis*, 2ᵉ livre, section 5.

SERGE BUREAU : *Docteur Lamontagne, cette définition physique de la mort, formulée il y a quelque 500 ans avant Jésus-Christ, vous semble-t-elle toujours à l'ordre du jour pour les médecins ?*

CLAUDE LAMONTAGNE : Je ne reconnais pas vraiment la mort dans cette description d'Hippocrate par rapport à mon expérience auprès des mourants. C'est difficile de décrire la mort ; en tout cas, je n'aurais pas cette facilité pour la décrire de façon globale. Mais dans le processus de la maladie, on en arrive évidemment à ce moment définitif où la vie — la vie biologique du moins — se retire du malade et où on dit : « Il est mort ». Avant ce moment-là, il y a bien sûr un grand nombre de pertes progressives faisant que le malade se dirige vers la mort ; dans la plupart des cas, durant cette période, il y a encore tellement de vie qu'il est souvent difficile pour nous d'y voir d'abord la mort.

Croyez-vous que les médecins et la société dans son ensemble s'orientent justement vers une définition plus métaphysique de la mort, comme par exemple le laisse entendre le Dr Schwartzengerg quand il dit : « On définit la mort d'un être humain à partir du moment où sa conscience est morte » ?

Je me méfie un peu de ces définitions de la mort relatives à des étapes de perte de conscience ou autres, parce qu'il y a toujours un glissement possible vers une définition tellement large que des gens considérés comme morts pourraient se sentir encore très vivants !

Comment procède-t-on actuellement pour vérifier la mort de quelqu'un ?

Dans la pratique médicale clinique, la mort est déterminée par une absence de battements cardiaques, une absence de respiration, de réactions sur le plan neurologique. Lorsque cette absence de réactions et de battements dure plus de quelques minutes, la mort est déclarée. D'autres moyens plus techniques sont utilisés dans des unités de soins intensifs où, pour décider du moment où arrêter les mesures de maintien de la vie, respirateurs ou autres, on exige des électroencéphalogrammes pour s'assurer qu'il n'y a plus aucune activité du cerveau.

Pourquoi, à un certain moment, décide-t-on de prolonger la vie de quelqu'un qui en principe est décédé ?
L'un des problèmes est justement qu'on ne décide pas à un certain moment de prolonger la vie ; cela fait partie d'un continuum d'interventions. Il faut comprendre que les médecins, étant issus d'une société, ne peuvent pas être très différents de cette société. Et comme la société actuelle nie la mort et entretient une grande espérance d'immortalité, il est sûr que les médecins nieront aussi la mort et la repousseront le plus possible ; ils lutteront souvent contre elle comme s'il s'agissait d'une maladie à guérir. La vraie décision, la plus difficile, est de décréter à quel moment on doit cesser les mesures de prolongation et non le moment de les commencer. On les commence un peu sans s'en rendre compte.

Qu'est-ce qui vous fait dire que la société nie la mort ?
Parce que je vois avec quelle difficulté la majorité des personnes gravement atteintes envisagent la mort, la nient. Très souvent, devant une maladie incurable, les malades se livrent à un magasinage extraordinaire dans le but de trouver d'autres approches qui leur donneront un espoir de guérison. La plupart des malades repoussent la mort parce qu'ils ne l'ont jamais vue comme partie intégrante du programme de leur vie.

Pourquoi est-il tellement difficile de parler de la mort avec les médecins ?
La mort, pour la majorité des médecins, est au fond un constat d'échec, et c'est probablement aussi une confron-

tation avec leur propre angoisse devant elle. Des psychanalystes diraient peut-être qu'on va en médecine pour exorciser ses propres peurs. Le fait d'avoir des patients mourants nous confronte à cela.

La mort s'est transformée au fil du temps, on ne meurt pas forcément des mêmes choses qu'il y a 200, 300 ou 700 ans. De quoi meurt-on en cette fin de siècle ?
Les maladies cardio-vasculaires et le cancer demeurent les deux causes les plus fréquentes.

Et on meurt différemment....
On meurt à l'hôpital, donc dans un milieu qui n'est pas le milieu naturel du patient. On meurt la plupart du temps séparé de ses proches, entouré d'une technologie très développée.

Et se préoccupe-t-on sérieusement de la souffrance et de la mort dans la formation universitaire ?
Dans les facultés de médecine que je connais, il y a encore très peu de formation sur ces sujets. Tandis qu'en formation clinique dans les hôpitaux, ces questions sont laissées à l'initiative et à la préoccupation des médecins enseignants ; c'est donc très variable.

Quel message essayez-vous de faire passer à vos étudiants via la mort et la souffrance ?
Les messages importants concernent d'abord le rôle du médecin. Je pense que les étudiants doivent comprendre leur rôle auprès des personnes souffrantes comme un rôle très global ; ils doivent considérer le patient non seule-

ment dans ses dimensions biologiques, mais aussi dans ses dimensions psychosociales. Le médecin a non seulement un rôle technique d'évaluation diagnostique et de traitement médicamenteux, mais il doit en outre se considérer comme partie prenante des gens qu'il accompagne. Nous insistons aussi sur toutes les dimensions éthiques du mourir, par exemple sur la question de l'abstention de traitement. Nous proposons également une réflexion sur le problème de l'euthanasie, qui devient actuellement un débat social. Le médecin doit aussi se préoccuper d'accompagner le malade en étant attentif à ce qu'il est et à ce qu'il a vécu, car un des dangers de la médecine est de créer des cadres dans lesquels on essaie de faire entrer les patients. Ce n'est pas seulement propre au médecin, mais il y a toujours un risque comme soignant de tenter d'imposer aux patients un idéal du mourir, alors qu'ils doivent mourir comme ils sont, comme ils ont vécu.

A-t-on raison de dire que la mort concerne plus précisément les infirmières que les médecins?
Je crois que tout le monde devrait se sentir également concerné, mais il reste que les infirmières assurent une présence beaucoup plus importante que les médecins, du moins en ce qui concerne le temps passé avec le patient. Traditionnellement, il est probable que la préoccupation de l'infirmière était beaucoup plus au niveau du « *care*» alors que celle des médecins était plus au niveau du « *cure*». C'est d'ailleurs ce qu'on essaie actuellement de changer dans la formation des jeunes médecins; ils doi-

vent en arriver à se sentir responsables de la même manière que les infirmières.

Le fait que certains de vos collègues ou confrères soient des chercheurs qui s'emploient, entre autres, à trouver les gènes du vieillissement vous apparaît-il loufoque ou prenez-vous la chose au sérieux? Croyez-vous qu'un jour quelqu'un vaincra finalement la mort?

Loin de moi l'idée de trouver ces recherches loufoques... Si on ne découvre pas le secret de l'immortalité, on découvrira peut-être des éléments qui proposeront une meilleure qualité de vie aux personnes âgées. Mais en fait, et bien qu'on ait peut-être tous au fond de soi ce désir d'immortalité, ces recherches pour tenter de prolonger la vie me donnent certaines inquiétudes en ce qui concerne la qualité de vie qu'auront les gens pendant ces cinq, dix ou quinze années supplémentaires qu'on souhaite acquérir. Cela représente une difficulté majeure.

Croyez-vous que nous sommes programmés pour mourir?

Si vous entendez par «programmé» une prédestination faisant qu'un individu doive mourir à tel âge, de telle façon, non, je ne crois pas du tout qu'une telle programmation existe.

Donc, mourir est un hasard?

Il est probable qu'on favorise ce hasard jusqu'à un certain point, par notre mode de vie, la qualité de l'environnement, toutes sortes de facteurs.

Vous n'êtes pas d'accord avec ces gens qui disent: « Son heure était arrivée » ?
Ah non. Pas du tout. Je ne suis pas plus d'accord avec ceux qui disent: « Le bon Dieu n'est pas venu me chercher » !

Le coma demeure-t-il un mystère pour les médecins ?
Il y a quelques cas de patients chez qui on peut déterminer l'irréversibilité du coma par un électroencéphalogramme montrant qu'il n'existe plus qu'une vie totalement végétative ; mais il y a beaucoup de patients comateux pour lesquels l'incertitude demeure quant au pronostic d'une certaine récupération. Il y a aussi toute la question de l'arrêt de traitement qui est encore objet de controverse sur le plan éthique, non seulement en médecine mais également au niveau de la loi.

Seriez-vous en faveur d'une euthanasie active pour les cas de coma irréversible ?
Il faut faire certaines distinctions. Lorsqu'un patient est dans un coma irréversible, s'il y a encore maintien d'une certaine vie végétative, c'est habituellement parce qu'on utilise des méthodes de survie comme le respirateur. Le fait d'arrêter un respirateur dans ces cas-là n'est pas à mon sens un geste euthanasique, c'est simplement un arrêt de traitement pour ne pas prolonger un processus du mourir. Il en a d'ailleurs été largement question dans le cas de Nancy B., où plusieurs personnes ont qualifié ce qui s'est passé d'euthanasie active alors que c'était un arrêt de traitement.

La société est très critique face au système hospitalier, on parle des médecins inaccessibles, de la bureaucratie, de la langue de bois, etc. Le fait d'avoir opté pour un travail aux soins palliatifs, est-ce pour vous une manière de signifier aux gens l'impuissance de la médecine?

Je pense que pour donner des soins palliatifs il faut effectivement reconnaître l'impuissance de la médecine. Cependant, administrer des soins palliatifs, c'est d'abord dire aux patients que la médecine peut encore leur offrir quelque chose, qu'elle peut les accompagner dans la dernière étape de leur vie, mais avec des outils différents de ceux qu'on décrie en raison de leur utilisation exagérée dans le prolongement de la vie, dans l'acharnement thérapeutique. C'est difficile de se libérer de l'impuissance de la médecine. Un des dangers actuels en soins palliatifs, pour nous qui en général avons un peu critiqué cet aspect de la médecine se voulant toute-puissante et capable de tout sauver, c'est de croire en une autre puissance de la médecine qui soulagerait toutes nos souffrances. On est très bien outillé pour soulager la souffrance physique. Chez un patient atteint du cancer, on soulage de façon satisfaisante 95 % des douleurs physiques, mais pour celles qui sont morales et spirituelles, on n'a pas les mêmes outils. Il y a malheureusement des douleurs qu'on ne peut pas apaiser et c'est très difficile à accepter. À ce moment-là, la tentation est encore de régler ces souffrances par des moyens techniques, ce qui nous amène à la question de l'euthanasie active. Devons-nous, en tant que médecins, soulager toutes les souffrances? Avons-nous l'entière responsabilité de le faire?

Avez-vous l'impression qu'il existe actuellement une tendance à idéaliser la mort?

Je crois que c'est encore terrible et difficile de mourir, qu'on meure dans des unités de soins palliatifs ou ailleurs. Peu importe les courants, peu importe les motivations qui nous amènent à travailler aux soins palliatifs, on y découvre rapidement que malgré tout ce qu'on peut offrir aux malades, la mort est difficile. On y découvre également qu'il n'y a pas de mort idéale, qu'il n'y a pas de façon unique de mourir, mais que chacun meurt comme il a vécu. On dit cette phrase par habitude, mais on le constate souvent. Avant de travailler aux soins palliatifs, il y a un mot que j'entendais et que j'utilisais moi-même : la sérénité dans le mourir. J'ai presque complètement abandonné ce mot depuis que je travaille auprès des mourants. On voit fréquemment des gens soulagés mourir paisiblement, on le constate objectivement, mais la sérénité, elle, est autre chose, et elle est d'ailleurs bien difficile à définir. J'ai rarement l'impression que les gens meurent sereinement.

Récemment, quelqu'un du milieu « thanatologique » me disait, sérieusement, qu'il était presque contre nature de travailler avec la mort ou parmi les mourants.

Lorsqu'on travaille avec les mourants, on n'a pas constamment l'impression de travailler avec la mort, on travaille avec la vie. C'est un constat important des gens qui travaillent en soins palliatifs, parce qu'au fond la majorité des malades sont encore bien en vie, et le but de ces soins est d'essayer d'améliorer la qualité de vie des dernières semaines ou des derniers mois. Bien sûr, au bout de tout cela il y a la mort, avec son tragique, mais ce n'est qu'un moment dans tout le processus.

Il est devenu difficile de mourir convenablement, c'est-à-dire que non seulement il y a la mort à brève échéance, mais on doit se battre pour mourir dignement, de là le testament biologique par exemple, ou les mouvements pour une mort digne. Voyez-vous des espoirs dans le système actuel pour que la mort soit vécue plus doucement ou est-ce que fatalement on se dirige vers un système encore plus énorme, plus barbare et plus froid?

Il y a assurément de l'espoir de ce côté. Il y a en médecine un certain mouvement contre l'acharnement thérapeutique, entre autres. Depuis quelques années nos étudiants reçoivent une bonne formation en éthique médicale; nous avons dans nos hôpitaux des comités d'éthique clinique ayant pour fonction d'aider les médecins et les autres soignants à réfléchir sur ces questions, et de les assister quand ils doivent prendre des décisions difficiles. Non, je pense qu'il y a espoir que la médecine pourra s'abstenir davantage dans la prolongation d'une vie de qualité inacceptable pour le patient.

Vous travaillez à la Maison Michel Sarrazin. Est-ce un lieu privilégié et onéreux pour finir ses jours?

Non, le séjour y est gratuit. Si c'est un lieu privilégié, c'est parce que les soins y sont plus adéquats et que les lieux physiques sont mieux adaptés à la présence des familles. En fait, la Maison Michel Sarrazin ressemble plus à un chez-soi qu'à un hôpital; le malade a donc la chance de se retrouver dans un milieu plus naturel.

Combien de malades pouvez-vous accueillir?
Nous pouvons recevoir quinze malades à la fois.

La liste d'attente est-elle longue?
C'est variable selon les moments de l'année. Il y a malheureusement certaines périodes où les malades ont le temps de mourir avant de pouvoir y venir, mais la plupart du temps on réussit à satisfaire à la demande.

Qu'est-ce qui doit changer dans le monde médical et scientifique pour que la mort soit perçue comme la conséquence normale de la fin d'une existence?
Le rôle du médecin doit d'abord se redéfinir dans un sens beaucoup plus large. Il doit se définir non seulement dans sa capacité et sa puissance de guérir, mais il doit revenir jusqu'à un certain point à la tradition hippocratique du pouvoir soulager, du pouvoir accompagner et soutenir les malades. C'est un rôle que la médecine a malheureusement laissé à d'autres et elle doit le récupérer, car il fait partie d'un ensemble où l'intervention du malade, si on tenait autant compte des aspects psychosociaux de sa personne que de sa biologie, serait plus complète, plus efficace, et finalement plus acceptable pour lui. Cette réévaluation signifie donc une redéfinition du rôle du médecin et un changement d'attitude face à la souffrance et à la mort; la médecine doit en venir à considérer la mort comme un phénomène naturel

devant lequel elle doit reconnaître ses limites. Ce sont des limites et non un échec au vrai sens du terme.

Un autre élément important est de laisser beaucoup de place au patient dans la décision qui le concerne. On nous a beaucoup accusés de paternalisme médical ; cette situation est en régression mais elle existe encore. Je pense qu'on doit apprendre à tenir compte des préférences du patient et lui donner une information éclairée et complète afin qu'il puisse participer à la décision. On doit rechercher une relation médecin-patient qui soit de l'ordre de la relation adulte-adulte, une espèce de partenariat. Et dans ce domaine, il y a encore beaucoup à faire.

V

Deuil et funérailles

ENTRETIEN AVEC LUCE DES AULNIERS

Anthropologue et professeure en communications et en études interdisciplinaires sur la mort à l'Université du Québec à Montréal.

*Faut-il vivre avec ses morts jusqu'à les absorber, les faire soi,
ce qui veut dire vivre à travers eux toute mort comme signe
de vie, ou bien* in vece, *se fermer devant la mort, lui refuser
ce séjour en vous, refuser toute méditation, tout « remâ-
chage » jusqu'à tuer en soi le souvenir, stériliser sa mémoire
et réussir à oublier qu'on aurait pu se souvenir que l'homme
est souvenir? Vivant dans sa solitude et l'ayant choisie, c'est
la mémoire que je désire et tente de sauvegarder.*

Serge Rezvani, *J'avais un ami*, Éd. Christian Bourgois
(10/18), 1987.

SERGE BUREAU *: Oublier ou se souvenir? Ne serait-ce pas
l'une des principales questions qu'on doit d'abord se poser,
ou qu'on devrait se poser?*
LUCE DES AULNIERS : Cette citation marque de façon extrêmement pertinente toute la polarisation qui existe
entre le fait qu'on ne sache que faire de nos morts, ni de
la mort en soi. On dit souvent que si on met la mort à
la porte, donc si on l'oublie, elle reviendra par la fenêtre,

c'est-à-dire qu'elle surgira toujours d'une façon ou d'une autre dans notre conscience, nos comportements, nos actes manqués même. Dès lors, je pense que le deuil doit se vivre, même si c'est une étape exceptionnellement douloureuse et déchirante. Il doit se vivre, car ce déchirement est justement la condition essentielle, la pierre angulaire du souvenir. Il y a des jours où l'on veut tout jeter par terre, tout oublier, ne plus rien savoir de nos morts, ils nous dérangent, ils nous importunent, mais cela fait partie du rapport ambivalent qu'on a et qu'ont toutes les sociétés avec la mort.

Oui, mais d'une certaine manière on n'a pas réellement le choix de ses réflexions ou de ses réactions lorsque le deuil nous frappe. On se retrouve devant une fatalité qui dépasse forcément notre contrôle et notre bonne volonté... Croyez-vous qu'on puisse arriver à rationaliser?

Vous savez, la façon dont on vit la mort d'un être cher est liée en bonne partie à la façon dont on a vécu les autres ruptures dans notre vie. Que la mort de la personne qu'on aime survienne sans préavis, ou au terme d'une longue maladie, elle laisse le deuilleur — comme on dit en anthropologie — en état de choc, d'hébétement atterré, elle le plonge dans une sorte de magma incompréhensible. Cette réaction, on la retrouve chez tous les vivants, dans toutes les cultures ; c'est une réaction dite de choc.

Tout de suite après, ou plus tard, survient une réaction de colère contre le mort qui nous a abandonné, contre notre statut de mortel, et aussi contre nous-même d'être toujours vivant. Dans notre société, cette colère se porte souvent sur le personnel soignant. Si la personne aimée est morte à la suite d'une maladie, les médecins sont tenus plus ou moins responsables du décès ; on cherche un bouc émissaire, on cherche à expliquer la mort. Pour plusieurs, la mort est quelque chose d'incongru qui survient de l'extérieur ; il n'est pas facile de comprendre que la mort est un processus qui nous fait être et croître tout au long de notre vie ; c'est difficile de croire que si nous vivons, c'est précisément parce que nos cellules se renouvellent, donc parce qu'elles meurent. Cette réflexion est justement une forme de rationalité, mais elle est aussi conforme à la réalité. On a donc de la difficulté à concevoir cette dialectique, ce rapport constant entre la vie et la mort, de sorte que, quand la mort arrive, on la perçoit comme un accident, une tare, une panne de la machine. Évidemment on cherche le mécanicien ou l'écervelé qui a frappé la personne aimée ; il nous faut un bouc émissaire.

On a également tendance à regretter et à se culpabiliser de ne pas avoir posé certains gestes à l'endroit de la personne décédée. La philosophe Claire Lejeune a une très belle expression pour définir ces réactions, elle parle des deuils blancs, c'est-à-dire du deuil de ce qui n'a pas pu être. On entre dans ce deuil quand on s'aperçoit que son amour à l'endroit de l'autre n'est pas tout-puissant, qu'il n'a pas réussi à le faire vivre aussi longtemps qu'on l'aurait voulu et à créer une sorte d'«amortalité», d'absence de mortalité. Deuil blanc également parce qu'on réalise qu'il y a des gestes, des expériences, des aventures qu'on n'a pu vivre avec l'être aimé qui vient de mourir, du fait de son âge, du fait qu'on était pris dans la fonctionnalité quotidienne, etc. C'est le deuil des choses qui ont été impossibles à réaliser du temps de la vie.

C'est une forme de nostalgie...
C'est la nostalgie de ce qui n'a pu être. C'est une dimension très importante du deuil, car le survivant s'appuie souvent sur elle pour réapprendre à vivre. Le deuil blanc de ce qui n'a pas existé côtoie alors le deuil noir, le deuil de ce qui a été. Il faut considérer que lorsqu'on perd une personne, c'est aussi le regard de l'autre en soi qu'on perd. L'autre contribuait à construire et à définir ses proches ; à travers sa mort on est donc privé d'une partie de soi. Bien sûr on perd aussi des activités, des projets communs. En fait, la mort de quelqu'un, outre la réalité de sa mort physique en termes affectifs, est reliée à toutes sortes d'autres pertes qui ravivent la peine originelle et dont on prend petit à petit conscience au cours du deuil. Selon l'enseignement de l'étude des cultures, pour qu'un deuil puisse se vivre, bien ou mal, il est fondamental de traverser, notamment, un rituel de deuil inscrit dans la socialité. Si on ne le vit pas au moment de la mort, ce deuil risque de s'étirer pendant des années. Il se transformera en toutes sortes de conduites pour le moins perturbatrices pour le survivant, c'est-à-dire en états dépressifs chroniques, en une gamme de problèmes psychosomatiques, comme des désirs suicidaires, et même des passages à l'acte.

Y a-t-il réellement moyen de vivre son deuil ailleurs que dans la solitude?

Le deuil s'amorce précisément dans la socialité mise en place par des rites funéraires ayant cours lors de l'événement de la mort. Ces rites représentent un condensé de l'ensemble des phases ou des états d'âme par lesquels la personne devra passer lors de l'événement. Même si les funérailles sont apparemment vécues en état de choc, il arrive fréquemment que les deuilleurs se remémorent longtemps ces moments où la socialité a été très dense et très active. Ils se servent de cette socialité élargie comme support, comme moyen de s'en sortir. Cependant, lorsque des funérailles amènent une société élargie, on constate après quelque temps un certain abandon de la part des proches et des moins proches, simplement parce que les gens ne savent que faire, ni quoi dire, ni comment se comporter face à la peine de l'autre.

Cet abandon est précisément lié à notre apprentissage défectueux, peut-être depuis la prime enfance, de prendre à son compte la douleur des autres. Il est lié aussi à une mystification du psychologique dans la société, car dès qu'il y a une douleur, on pense tout de suite à la folie et à ses états extrêmes, et comme dans l'inconscient la folie est plus ou moins cousine de la mort, elle fait peur. Plutôt que de demander à la personne éplorée si elle aimerait parler, les gens de l'entourage préfèrent fermer la porte; cependant, si au fond d'eux-mêmes ils se sentent impuissants, ils sont en même temps désireux, peut-être pas d'aider, mais à tout le moins d'être présents.

Tout cela ne me semble pas évident, surtout si on tient compte de l'espace qu'occupe la mort, de la situation dans laquelle on la retrouve. Elle est très discrète, la mort, elle est cachée, elle est même absente d'une grande partie du quotidien ; autrement dit, elle se passe ailleurs : elle est dans les hôpitaux, dans les centres d'accueil pour personnes âgées, enfin dans tout ce qu'on appelle, je dirais presque vulgairement, des mouroirs. Alors, si la mort ne fait plus partie de notre réalité quotidienne, comment peut-on en arriver à assumer le deuil ou à le vivre sainement ?

Si le deuil ne fait plus partie de la vie quotidienne, c'est entre autres à cause de la professionnalisation de la maladie, phénomène apparu à la fin du siècle dernier. C'est l'ordre temporel dans lequel nous sommes inscrits comme citoyen, comme individu. Ce n'est pas l'institutionnalisation en soi qui crée cette situation, mais bien le fait qu'en confiant une personne de son entourage à ces institutions, on s'estime déresponsabilisé.

Il y a vingt ou vingt-cinq ans à peine, on entrait dans une maison privée où tout était recouvert de draps noirs, et ça se passait là, jour et nuit. En faisant la part des choses, aurions-nous intérêt à renouer avec certaines de ces coutumes ou est-il nécessaire de chercher de nouvelles manières d'exprimer et de vivre notre deuil ?

Il faut d'abord essayer de connaître le désir profond des gens affligés par un deuil. Par exemple, lorsque les visites au salon funéraire se terminent à 22 heures, on sent chez les proches une certaine résistance, une hésitation à quitter le salon ; ils traînent de la patte, ils n'ont pas vraiment envie de partir. Tous savent très bien que s'ils rentrent tout de suite à la maison, soi-disant pour se reposer, ils ne se reposeront pas, malgré les calmants.

Sous prétexte de protéger les survivants, il y a une mésestime ou une méconnaissance du désir de veiller son mort. On a en effet l'impression — et c'est le propre de toutes les cultures — que dans les jours qui suivent la mort, l'âme est effectivement en attente, flottante, qu'elle se cherche une place. Beaucoup de nos contemporains qui fouillent ce sujet le disent. Ne serait-ce que sur ce point, pourquoi ne pourrait-on pas veiller le mort au salon funéraire? Le problème naît d'un manque de repères, d'audace, de capacité de suivre son désir profond; désir qui rejoint du reste des archétypes et des universaux présents dans toutes les cultures.

Mais existe-t-il de nouvelles approches pour vivre le deuil? On assiste depuis vingt ans à une déperdition du rôle du clergé dans les funérailles au profit, justement, d'une prise de parole plus personnalisée et plus centrée sur la vie de la personne décédée, mais aussi davantage axée sur l'espérance lorsqu'il y a un discours religieux. Il n'y a plus de *Dies iræ* ou de *Libera*, ces chants qui avivaient la sensibilité. Je suis un peu ambivalente par rapport à cette déperdition. Dans l'Église catholique — et les différentes religions procèdent également de ce mouvement — on tend actuellement à dédramatiser la mort, à tel point qu'on la nivelle au rang des autres expériences humaines. On a tendance à escamoter la peine, le passage obligé par la tristesse et le déchirement; c'est un danger énorme pour la suite du deuil. J'insiste beaucoup là-dessus : on a tendance à tout esthétiser et à diriger la personne vers une réadaptation alors qu'elle n'a même pas eu l'occasion de s'adapter et de prendre conscience. Cette attitude est le propre d'une société qui n'a rien à faire de ce qui tombe en marge de sa fonctionnalité, de sa pseudo-santé.

N'est-ce pas un réflexe normal ? Vous parlez beaucoup d'universalité, de rites et de deuil, mais en même temps lorsque le deuil se produit, on a toujours l'impression de vivre quelque chose d'unique et de particulier. N'est-il donc pas très difficile de s'en remettre à l'universalité ?
Ce que vous dites est très juste, mais c'est lorsqu'on rejoint le spécifique, le profondément individuel, le noyau mou de chaque individu, que l'on rejoint l'universel ; c'est ainsi parce que nous sommes des êtres humains et que la mort nous fait toucher à l'humanité. À la rigueur, la mort est la seule réalité qui nous fasse entrer dans l'humanité, parce que c'est d'abord l'expérience de la limite, et ensuite la prise de conscience de l'absolue souveraineté du temps en nous ; il n'y a rien de plus universel, de plus propre à l'expérience humaine que ces deux constats. Un troisième est la nécessaire dialectique entre la vie et la mort, parce que vivre, c'est fondamentalement perdre, et continuellement.

Nous parlions de l'Église et de la religion. Se peut-il que tant de gens vivent mal leur deuil parce que la foi est en voie de disparition ?

La foi est moins présente, oui, et si l'on considère que les religions traditionnelles se sont basées sur la certitude de la mort pour élaborer un discours sur l'incertitude de l'au-delà, la consolation qu'elles apportaient concernant l'immortalité est un réconfort dont on bénificie beaucoup moins maintenant. Cependant, lorsqu'on rencontre des gens en deuil, on observe une nette progression de la croyance; il apparaît une espèce de bricolage, un syncrétisme de différentes croyances à un au-delà ou à une société des morts, des ancêtres, où les gens peuvent entretenir des liens avec leurs morts.

Je suis fascinée par le nombre de personnes qui relatent les colloques intimes qu'elles ont avec leurs morts; elles ont l'impression de recevoir des signes de leur part, elles leur parlent, leur demandent appui, particulièrement dans les occasions difficiles. On passe donc d'une foi travestie en une religion où tout était dicté d'avance, à une foi qui se cherche, mais qui ne se trouve pas nécessairement, et tout cela ne se fait pas sans heurt.

Sans qu'elle soit forcément associée à une religion instituée, toute la montée actuelle des croyances en la réincarnation signifie une préoccupation pour l'au-delà qui ne correspond plus à l'eschatologie de la résurrection, mais qui laisse plutôt largement place à la société plus ou moins vibrante des morts en relation avec celle des vivants. Notre société est extrêmement fascinée par l'immortalité; toute la boulimie actuelle de témoignages, d'exposition du vécu, de la volonté de laisser des traces le démontre bien. On n'a qu'à penser par exemple à tous les questionnements autour des *Near Death Experiences,* aux témoignages de ces personnes s'étant trouvées entre la vie et la mort. On se préoccupe maintenant beaucoup moins du sort du cadavre et de celui de l'âme dans un autre monde que du sort qui nous attend à notre mort. L'éternité s'est en quelque sorte déplacée de l'au-delà jusqu'à la vie terrestre dans une conception un peu vitaliste de la vie, c'est-à-dire qu'on conçoit la vie sur la durée même de l'existence.

Il y a actuellement de nouvelles organisations qui s'instaurent autour du deuil, je pense aux interventions thérapeutiques, aux «groupes d'endeuillés», aux accompagnateurs bénévoles, etc. Quelle est votre perception de cet état de fait? Est-ce un mal nécessaire?

Vous savez, ça dépend de la fonction que prétend avoir l'intervention thérapeutique et de la façon dont elle est menée. Je dirais qu'elle est saine dans la mesure où elle permet la rébellion, les cris, la douleur, l'agressivité, enfin l'ensemble de ces sentiments difficilement supportables par l'entourage et qu'on dit négatifs dans une nouvelle moralisation des conduites; elle est saine parce qu'elle a une fonction cathartique importante. Le problème que pose l'intervention thérapeutique, comme les mouroirs, c'est qu'elle enferme le mal dans un lieu clos, car il est inassimilable dans la vie courante. Un sentiment naturel devient alors problématique puisque c'est l'expérience de la limite qui devrait être le lot quotidien. Cela contribue aussi à la neutralisation des rapports interpersonnels: si on en parle à sa thérapeute, on n'en parlera pas à son conjoint, à sa cousine, à sa meilleure amie.

Parler du deuil, c'est aussi parler de souffrance et de blessure, et je me demande si on peut justement arriver à cicatriser nos plaies, ou si on ne doit pas plutôt apprendre à vivre avec elles.

Elles se cicatrisent, mais ça prend du temps parce que cette peine construit, définit et change le survivant. Comme la mort est l'altérité par excellence, il est évident que cette peine transforme le deuilleur. La plaie se cicatrise mais la cicatrice est toujours visible, et on doit apprendre à vivre avec elle. Le travail de deuil demande énormément d'énergie et de temps, il est terriblement fatigant, ce dont on ne tient pas compte dans les négociations des conventions collectives lorsqu'on décide du congé accordé à cette occasion ; je pense qu'on n'accorde pas assez d'importance à ce temps d'expression et de récupération.

Du reste, je dirais que cette peine nous survit, qu'elle nous enveloppe. Ce n'est pas nécessairement une tristesse qu'on traîne avec soi ; elle surgit plutôt de temps en temps, comme une bulle, mais elle n'empêche pas d'être joyeux, d'être bon vivant, de reprendre goût aux choses matérielles, à la bonne chère et au bon vin. Si, par exemple, on a perdu l'appétit lorsque la personne aimée est morte, c'est peut-être parce qu'on voulait d'une quelconque façon entrer en mimétisme avec elle. C'est fondamental de vouloir presque se momifier, de vouloir rester immobile, en retrait, silencieux, de ne plus avoir envie de rien ; c'est un phénomène qui est tout à fait sain, une forme d'accompagnement de la mort de l'autre.

C'est un passage...

Voilà. Toutes ces dimensions du deuil n'empêchent pas de vivre, mais empêchent de vivre autrement. Par contre, quand on dit être en souffrance, on peut le prendre dans le sens d'être en peine, cette peine qui nous submerge, qui nous envahit, mais qu'on peut dépasser si on a pu l'exprimer ; mais être en souffrance peut aussi signifier être en attente infinie, c'est-à-dire en attente non finie de résolution de cette peine ; donc en attente de sa propre mort.

Vivre une peine aussi loin qu'on peut la vivre fait prendre conscience de son statut de mortel. Cet état d'esprit fait attendre la mort, je ne dis pas la désirer, mais il fait prendre conscience de notre statut de vivant, comme il nous permet d'assimiler davantage la présence de la mort en nous. À la rigueur, la souffrance est donc porteuse de joies profondes qui ne manquent pas de gravité. Ce n'est pas la joie olé olé, mais c'est une capacité de sourire à la vie et à son destin, et de rigoler aussi, parce que pour sortir de toutes ces dérélictions — et cela, on le retrouve à travers beaucoup d'observations de pratique —, l'humour, comme le disait Félix Leclerc, est encore le meilleur bagage.

VI

Dieu, l'Église et la mort

ENTRETIEN AVEC GUSTAVE MARTELET

Professeur au Centre Sèvres de Paris, théologien et auteur de plusieurs ouvrages dont *L'Au-delà retrouvé*: *christologie des fins dernières* (Desclée et Cie, 1974).

Notre conception de l'acte de croire doit évoluer. La foi ne loge pas uniquement entre les deux oreilles. Elle est de soi questionneuse, c'est vrai, mais Dieu ne se donne pas comme une réponse au bout de nos questions. D'ailleurs, le croyant comme l'athée meurt avec des questions. La mort demeure un mystère. Croire au moment de la mort, c'est un acte du cœur, c'est choisir de faire confiance à quelqu'un qu'on a déjà rencontré et qui nous a fait vivre. On choisit de s'abandonner à lui dans ce moment où tout nous abandonne parce qu'il ne nous a jamais trompé.

Gilles Nadeau, *Si je traverse le ravin de la mort,* revue *Frontières,* volume 3, n° 2, automne 1990.

SERGE BUREAU : *Père Gustave Martelet, le fait de croire en Dieu peut-il rendre la mort plus acceptable, ou moins pénible du moins ?*

GUSTAVE MARTELET : Je commencerais par dire que ce n'est pas vrai qu'il faut une foi explicite en Dieu pour pouvoir mourir dans un certain calme ; la mort peut être vécue dans une espèce d'obscurité qui est aussi une confiance. Je crois que ce serait une erreur de poser le problème de l'abandon uniquement du point de vue d'une foi en Dieu. Au contraire, dans bien des cas, l'acte le plus profond de démission de soi et d'abandon à un autre que soi, même obscurément connu ou parfois à peine pressenti, est un type de mort qui sera de plus en plus fréquent, étant donné la médiocrité de la foi, souvent, mais aussi en raison de l'ignorance qu'ont beaucoup de gens de la personne de Dieu. Et heureusement que ce n'est pas la foi en Dieu qui permet de comprendre dans tous les cas la profondeur sublime de cet acte ! Il peut être trivial au possible, contingent, brutal, tout ce qu'on veut, mais quand il est un acte de conscience, il peut être vécu profondément dans une absence totale de représentation.

Sauf qu'il est fréquent de voir des gens qui, à l'orée de la mort, deviennent tout à coup un peu plus croyants...
C'est là l'autre aspect d'une espèce de reviviscence du sentiment de Dieu devant le caractère absolu de l'acte dans lequel on s'apprête à entrer. La mort est un acte, c'est la « désincorporation », donc quelque chose de vraiment horrible d'une certaine façon, et pour lequel on n'a pas de représentation. Or, s'il se passe une chose aussi profonde et qu'on en est conscient, il est possible et parfois même certain que, tout d'un coup, on prenne conscience aussi que Dieu a peut-être une signification au moment où tout perd son sens. Ainsi, il peut sûrement y avoir une reviviscence du sens de Dieu au

moment de la mort. Bien sûr, cela suppose un sens de Dieu déjà latent, négligé. À ce moment-là, il y a sûrement un profond renouveau.

Et cette prise de conscience, ce renouveau, peut également être une manière d'éloigner certaines angoisses.
Oui, mais vous savez, cela peut aussi être l'occasion de tout rejeter. Il n'y a pas de loi absolue. On peut très bien l'accepter ; je ne suis pas du tout contre. L'être humain est affolé devant l'ignorance de ce qui se passe, et comme tous ses repères sont relatifs à l'univers, dans l'expérience qu'il fait, l'absence totale de repères l'incite à dire : « Pourquoi les repères me manquent-ils ? » Or, la mort le met au-delà de cet univers. Donc, je ne trouve pas extraordinaire qu'à ce moment-là on ait le sentiment que celui qui n'existe pas en fonction de l'univers puisse avoir une signification particulière quand l'univers s'estompe, car il n'a pas besoin de l'univers pour exister ! On ne fait pas ce raisonnement, bien sûr, mais c'est ce qui justifie en profondeur cet acte, qui n'a rien à voir avec un acte de sécurisation un peu superficiel ; c'est un acte de foi tardif, mais très profond ; la foi en cours de route, en cours de vie, c'est ça. On ne réduit pas son rapport à l'univers ; l'univers est une réalité incontestable et nécessaire qui pose cependant un problème, or comme je n'en suis pas le principe, l'idée naît spontanément qu'il y a peut-être un tiers inclus, souvent exclus d'ailleurs, et que la mort, qui est l'occasion suprême des intuitions absolues, permet de redécouvrir par-delà les obscurités, les négligences, les superficialités d'une vie qui s'est conten-

tée de l'univers, qu'il y a quelqu'un dans l'univers qui ne lui est pas relatif, mais auquel l'univers est relatif; moi qui suis dans cet univers, je peux donc me rapporter à Dieu. À ce moment-là, c'est un geste très profond.

Si on relit un peu l'histoire de la mort à travers les siècles, il y a une chose qui revient constamment, c'est la position de l'Église qui a tenté de s'approprier la mort par différents moyens, par la crainte, par ce qu'on appelle «la mort punition».

C'est vrai qu'il y a eu des ensablements, et souvent on a pensé que pour tenir les hommes, il fallait leur faire peur. Surtout en Occident! Il ne faut pas oublier que toute cette déformation vient de l'Occident, où l'Église a eu affaire à un peuple barbare, tandis qu'en Orient, l'Église est tombée dans un monde de culture. Bien des éléments prioritaires en Occident viennent de ce que l'Église s'est trouvée devant des gens qui étaient à zéro. Le malheur est qu'on ne s'est pas rendu compte assez tôt que la culture avait grandi, qu'on ne pouvait plus prendre l'Occident comme on le prenait au départ, du VIe au Xe siècle. De fait, il y a quand même eu un souci de pouvoir. «On les aura au moins au terme! Et par la peur du terme on les aura avant le terme!...» C'est sûr qu'il y a eu des déformations horribles. Mais ce n'est pas le fond! C'est la déformation!

Dans un de vos livres qui a pour titre L'au-delà retrouvé... Il n'est pas prétentieux, ce titre, n'est-ce pas?

...vous écrivez: «L'au-delà a été justement noyé dans le silence. Il faut le retrouver et réapprendre à en parler d'une manière dont le chrétien n'a pas à rougir.» Est-ce à dire que vous reprochez à l'Église de s'être tue devant la mort ou d'en avoir parlé d'une manière trop vague?
Ce n'est pas à l'Église que je pensais.

Pas du tout?
Non. J'ai pensé aux répercussions du marxisme sur la pensée chrétienne.

Ah bon!
Vous savez ce que Marx a écrit sur la mort? Il y a deux lignes: «L'homme est un individu particulier; ce n'est pas un problème qu'il meure par rapport au genre humain.» La pensée marxiste reprochait précisément à l'Église, avec l'au-delà, de se désintéresser de l'en-deçà. C'est cet espèce d'ostracisme venu du marxisme qui a provoqué le silence sur l'au-delà. Et lorsque j'ai répondu à la demande de l'un de mes frères, le père Demergue, d'écrire des articles sur l'au-delà, sur la mort et sa signification chrétienne, c'était en fonction de ce silence! C'était en 1974, bien avant qu'on écrive tant et plus sur la mort, et c'était afin de lutter contre ce silence imposé. On me l'a reproché et certains ont dit: «Le père Martelet est un réactionnaire parce qu'il parle de la mort». Vous vous rendez compte? C'est énorme! Ça voulait dire qu'un élément essentiel de l'existence devait être tu, parce que le marxisme avait dit que l'au-delà était l'opium du peuple! Là encore, il y a eu une déformation, c'est évident! Mais il n'y a pas eu que cela.

Comment peut-on avoir la certitude qu'il y aura quelque chose après la mort? Sur quoi vous basez-vous?

Je vais vous dire deux choses. Quand je suis sur un glacier de haute montagne et que je dérape sur une pente à 90° (donc il faut vraiment de bons crampons!), voilà le raisonnement que je fais: «C'est tout ou rien! C'est l'absolu! C'est tout ou rien! Or il y a quelque chose. Donc c'est tout».

C'est fort simple.

Oui, et je crois qu'il le faut. C'est très simple, mais je crois que c'est radical. Au fond, c'est un pari: tout ou rien! Il y a quelque chose, donc c'est tout! Mais le fondement vraiment radical de ma foi, c'est la certitude de la résurrection. Le premier degré est donc ce pari; le deuxième, c'est une réflexion sur l'homme. Quel que soit son environnement naturel ou le rapport qu'il a au monde, et qui laisserait croire qu'il est complètement réductible dans la mort, il reste que chez l'homme, l'esprit fonctionne selon un absolu. Or, je repars toujours de cette fameuse réponse d'Aristote. À celui qui dit: «Il n'y a pas de vérité», il répond: «Il y a au moins ceci de vrai qu'il n'y a pas de vrai».

Moi, je dis qu'on est indexé par le vrai! Qu'on est indexé par le beau! Par le bien! Par l'être! Par l'Un! On est indexé par le sens!... C'est de l'inconditionnel. Il y a en l'homme quelque chose qui déborde de beaucoup le fait que sa naturalité apparente ferait de lui un élément résorbable dans le monde. Il y a donc quelque chose. Je sais que l'immortalité de l'âme a très mauvaise presse, mais ce n'est pas de l'immortalité de l'âme que je parle ; je parle au fond de la « non-réductibilité » de l'homme à la nature. Ce n'est pas possible. Je n'ai aucune représentation de ce que peut être le fait que l'homme réduit au silence n'est pas réduit au néant ; je ne sais pas ce que cela veut dire. Je sais simplement que cela signifie que l'homme n'est pas un pur produit de la nature ! Et donc qu'il y a en lui la possibilité de revendiquer un rapport à l'absolu ; c'est ce que font les gens qui ne croient pas, mais qui savent quand même qu'il est impossible qu'il n'y ait pas quelque chose correspondant à l'émergence de l'homme, et même à sa transcendance par rapport à la nature. C'est le deuxième temps. Le troisième, c'est ma certitude du point de vue de la résurrection.

Croyez-vous qu'on a suffisamment expliqué cette résurrection ?
Ah ! j'en suis tellement convaincu que je n'écris que sur ce sujet ! Je viens même d'en faire une session avec des jeunes. C'est évident qu'on ne voit pas à quelle profondeur l'univers est touché par la résurrection du Christ ! Si on n'ose pas parler de la résurrection, c'est qu'on n'en voit pas la grandeur, et on pense finalement le Christ comme une espèce de Lazare qui revit. Mais le Christ ressuscité, c'est fantastique ! C'est le Fils lui-même en tant que bénéficiaire de la génération éternelle en Dieu. C'est une vie sans mort pénétrant le monde de la génération et de la corruption pour détruire la corruption du monde de la génération et de la corruption ! C'est fantastique ! C'est une reprise complète de la création en sous-

œuvre! L'œuvre de la création est une œuvre de l'énergie finie qui a en elle ce qu'on appelle l'entropie; c'est la dégradation de l'énergie, donc la vie et la mort! Mais la résurrection du Christ dit que la création est inachevée s'il n'y a pas la résurrection! Dans la résurrection, Dieu, le Père dans la puissance de l'Esprit, reprend en sous-œuvre la création pour, dans son Fils, qui injecte la génération éternelle dans la génération de la corruption, détruire dans ce monde ce qui nous détruit! C'est quelque chose de cosmique. C'est fantastique!

Je trouve que ça rejoint un peu un raisonnement scientifique.

Mais bien sûr! Et ce sont les scientifiques qui les premiers disent: «Si c'est ainsi, ç'a un sens». J'ai fait une conférence analogue un jour avec trois autres conférenciers: un astrophysicien, un paléontologue et un préhistorien; j'étais le dernier à parler. J'ai respecté ce qu'ils ont dit et j'ai ajouté que, finalement, le drame, c'était la mort, et que si le christianisme avait un sens, c'était dans le Christ ressuscité! Après la conférence, le plus scientifique de tous avait les larmes aux yeux et m'a demandé: «Vous dites cela?» J'ai répondu: «Bien sûr, et je ne le dis pas de mon propre chef, c'est la foi de l'Église.»

Dans la connaissance de la résurrection, je crois qu'il manque l'approfondissement de la nature de la mort. La nature de la mort, c'est la victoire du monde sur nous! Et la résurrection, c'est la victoire du Christ sur le monde ayant victoire sur nous! Alors c'est formidable! Vous riez... Mais, autrement, ça ne vaut pas la peine de croire!

Autrement, moi, je me jette dans la Seine! Peut-être pas, parce que je préférerais jouir avant de mourir. Mais ce n'est pas possible d'exister si on ne voit pas ça!

Malgré la foi et l'espérance, vous admettez tout de même que la mort peut être vue ou vécue comme un drame ou une épreuve, qu'elle n'a pas de sens en elle-même...
Oui... Quand je parle ainsi c'est au niveau du message et non de l'expérience. C'est par ce que je pressens, étant donné que j'ai tout de même connu dans ma famille des moments difficiles en perdant des frères, que j'ai dû réfléchir à la situation. Plus on découvre que la mort est une détresse, plus on se dit: « C'est impossible que cette détresse, si fondamentale dans l'homme, n'appelle pas une réponse elle-même fondamentale. » La détresse de la mort est terrible! Je me tais devant les gens qui vivent ces difficultés; que voulez-vous que je fasse? Ensuite, quand on se met à réfléchir, on peut parler; mais devant la détresse, on se tait. On serre la main... et on regarde dans les yeux, de façon à ce que les gens sachent qu'on sent la douleur. Parce qu'on peut dire quelque chose même en se taisant... C'est seulement dans un temps second, si l'autre en a besoin, qu'on peut dire: « Écoutez, voilà ce qui me paraît... » On ne fait pas de psychologie; on fait part du message dans sa profondeur, quitte à l'adapter psychologiquement après, dans les cas nécessaires.

Existe-t-il toujours des représentations de l'au-delà au sein de l'Église? Parle-t-on encore de purgatoire, d'enfer, de ciel?

Ah oui... Ça existe, mais il faut le comprendre. Je pense qu'on a trop abusé de l'enfer ; c'est évident.

On a d'ailleurs toujours eu plus de facilité à décrire l'enfer que le paradis.

Oui, il y a les images... Si jamais Dieu n'est pas l'amour, et si nous sommes capables de refuser totalement l'amour, il faut bien voir que l'enfer est véritablement la possibilité. L'enfer signifie, selon moi, qu'il y a dans notre vie des choses perdues à jamais. Nous nous construisons et nous construisons notre éternité dans l'histoire ; le péché est en nous une non-valeur absolue ! D'une certaine façon, nous nous néantisons pour toujours dans le péché... Cela ne veut pas dire que nous serons néantisés éternellement, mais ce que nous perdons dans le péché, dans le refus de l'autre, dans la suffisance en soi, dans le mépris de Dieu, enfin tout ce qui peut être vraiment le péché, c'est quelque chose que nous détruisons nous-mêmes. Et cette destruction est définitive ! Et notre salut sera alors celui d'êtres ayant été pour ainsi dire mutilés par le péché. Ce n'est pas possible que Dieu confonde le péché et le pécheur ! Non, ce n'est pas possible ! Je ne crois pas cela... Mais cela ne veut pas dire que c'est de la facilité. Et le purgatoire prend alors une importance considérable, car il représente précisément la purification de notre misère par l'amour. Nous regretterons de nous être construits de façon aussi médiocre par rapport à Dieu et aux autres dans la profondeur de l'amour. Cette purification nous rendra capables, dans l'humilité, de nous ouvrir à Dieu, mais nous posséderons

Dieu, et nous serons possédés par Lui d'une façon qui, en quelque sorte, aura été minorisée par le péché. Cette diminution de notre être qui aurait pu s'épanouir dans l'amour de Dieu est une déperdition éternelle, et en ce sens il y a quelque chose d'éternellement détruit en nous par le péché.

Actuellement, beaucoup de scientifiques considèrent la mort purement et simplement comme une maladie qui sera éventuellement vaincue. Quelle est votre position par rapport à la science, aux chercheurs qui tentent, par exemple, de trouver, ou même de transformer, les gènes qui provoquent le vieillissement?

Je respecte beaucoup les grands hommes qui font ce travail — si ce sont de grands hommes, et même si ce sont des hommes médiocres — et qui travaillent pour l'humanité. Mais je ne pense pas qu'il y ait un gène de la mort. Dans la mort, il y a l'usure irrémédiable des tissus humains, parce que l'énergie qui nous habite dans la vie est une énergie finie. Or, comme toute énergie finie, elle se dégrade. Qu'on prolonge la vie, très bien, encore qu'il ne faille pas y aller trop fort, parce que, déjà maintenant, dans nos sociétés occidentales, on prolonge la vitalité de façon très intéressante jusqu'à 85, 90 ans pour certains. Il arrive néanmoins un moment où il y a usure des tissus et alors tout est possible. Qu'il y ait un gène de la mort, je laisse les biologistes dire si c'est vrai. Spontanément, je ne crois pas que ce soit un gène. C'est le résultat d'un organisme qui n'est pas infini dans sa structure.

Faut-il, comme certains mystiques, désirer la mort pour atteindre cette béatitude, cette sérénité?

Écoutez! Le ciel nous a mis dans la vie! Alors on prend la vie telle qu'elle est! Et on attend la mort, avec sérénité si possible. Sauf peut-être pour les grands mystiques comme saint Paul, qui disait: «Je suis divisé parce que je voudrais voir le Christ, mais par ailleurs, si je suis nécessaire, je ne sais pas ce que je fais, alors j'attends.» Il faut respecter ceux qui n'ont pas le goût de la vie. Il y a des êtres qui n'ont pas reçu la vitalité nécessaire, je ne sais pas... Il faut respecter ceux qui désirent la mort, mais, normalement, il faut désirer la vie.

C'est une ouverture vers le suicide ce que vous êtes en train de faire...

Un peu, oui. Mais je dirais qu'il faut aimer la vie et accepter la mort. Le véritable amour de la vie passe par l'acceptation de la mort. C'est facile à dire quand on est bien vivant. Quand la vie s'en va, je ne sais pas ce qu'on fait.

Croyez-vous tout de même que le fait de mourir soit une injustice?

Ce serait une injustice s'il n'y avait pas la résurrection. Vraiment, l'inachèvement de l'homme dans la mort, par rapport à un Dieu ne connaissant que la vie, serait un scandale; et le scandale est très répandu, même par les chrétiens, car on ignore que la création contient la résurrection. La mort sans la résurrection, pour un être qui a pris conscience de la vie et sachant que Dieu est la vie même et qu'il aurait créé un monde dans lequel la mort serait le dernier mot de tout, ce serait un scandale! C'est donc la résurrection qui permet de sortir de cette espèce de révolte qu'on peut avoir face à un Dieu qui ne bougerait pas devant la mort.

Comment l'Église contribuera-t-elle demain à mieux faire accepter la mort, étant donné qu'il y a de moins en moins de fidèles dans cette Église et de plus en plus d'individus sur la Terre?
Vous savez, l'Église n'a pas pour vocation de recouvrir la Terre, elle a pour vocation d'être le signe, dans le monde, de l'espérance — et de la résurrection dans le cas précis où nous sommes. À mon avis, le travail est maintenant d'approfondir la foi des chrétiens et, par contagion, ce qui est cru dans l'Église par les chrétiens passera comme un message de culture générale. Je crois que c'est par approfondissement que se fera le rayonnement.

VII

La pensée juive et la mort

ENTRETIEN AVEC DAVID SABBAH

Grand rabbin de la Communauté séfarade du Québec
et auteur de *L'Épanouissement de l'être : l'aspect positif
du mauvais penchant dans la tradition juive*, de *La
Bible : le commentaire de la Tora*, en cinq volumes, et de
Chaârè Téfilla : prière et plénitude.

Ainsi les justes doivent-ils endurer la souffrance de la mort afin d'expier les péchés des autres, car ceux qui endurent la souffrance dans la joie apportent le salut au monde.

André Chouraqui, *La pensée juive*, collection « Que sais-je ? », 1181, Presses universitaires de France, 1992.

SERGE BUREAU : *« Endurer la souffrance de la mort afin d'expier les péchés des autres », ces paroles ont-elles encore un sens à l'heure où on parle de soins palliatifs, de demande d'euthanasie, au moment où la misère humaine est si grande ?*

DAVID SABBAH : Assumer la souffrance est une des épreuves les plus exaltantes pour l'homme depuis la création du monde. Si l'homme n'avait pas fauté, il n'aurait pas eu à souffrir.

Avec l'introduction du concept du péché, Adam a introduit la mort. Or, pour expier la faute, pour pouvoir trouver une certaine réparation, une certaine conversion, l'homme doit assumer une souffrance ; il doit assumer ses épreuves. Si vous posiez ainsi la question : «Aujourd'hui, alors qu'il y a tellement de maladies, alors qu'il y a tellement d'épreuves, faut-il que l'homme souffre ? », je vous rappellerais certains poèmes de plusieurs romantiques qui exaltaient justement la position de souffrance, et qui appelaient cette souffrance afin de se sentir mieux dans leur condition d'être humain.

L'humain doit faire l'expérience de sa fragilité, de sa précarité, or, c'est la souffrance qui doit la lui donner. La juste mesure de la condition humaine, c'est le fait d'assumer une souffrance. Il est certain que ce n'est pas facile. Un être qui souffre a une double souffrance ; il souffre physiquement, puis cette souffrance se transforme en une souffrance morale, existentielle : « Pourquoi moi ? » Pourquoi voit-il les autres rire, vaquer à leurs occupations, alors que lui est cloué dans un lit ? Lui aussi, hélas, a eu une part de bien-être, mais il n'a pas su, peut-être, préserver ces instants de bonheur par une conduite adéquate, qui n'aurait choqué ni son environnement ni sa propre personne, et c'est ce que la souffrance doit lui rappeler. Parce qu'en réalité, pour le judaïsme, un homme qui souffre est un homme qui doit réparer quelque chose, c'est-à-dire qu'il doit se remettre lui-même à l'heure juste.

Mais doit-on nécessairement associer souffrance et mort ?
Pas nécessairement ; si quelqu'un souffre, la mort est peut-être une délivrance, mais ce n'est pas nécessairement cela. C'est une délivrance morale, oui, mais ce n'est pas une délivrance de la souffrance elle-même. Si on part

du principe que l'homme se retrouve lui-même, qu'il retrouve lui-même son identité, il se retrouve également parce qu'il se questionne dans la souffrance. C'est elle qui va lui donner les moyens de se remettre en question ; alors il se retrouve ; et s'il se retrouve, c'est déjà une délivrance en soi, parce qu'il arrive à cerner ses limites.

On peut être mal vu d'accepter ainsi la souffrance dans notre monde contemporain...
Il ne faut pas voir seulement le côté négatif de la souffrance ; il faut aussi voir que l'être humain devient plus humain, ou redevient lui-même. Dans la souffrance, peut-être devient-il plus apte à écouter les autres.

C'est souvent ce qui se produit au moment de la mort, ou quelque temps avant la mort, au moment où l'on devient plus sensible...
Absolument. Lorsqu'une personne se rend dans un hôpital et voit des gens qui sont aux soins palliatifs, ou qui se rapprochent de plus en plus de la mort, elle voit ces souffrances, et elle souffre elle-même, et la souffrance des autres la fait réfléchir.

Vous qui œuvrez très concrètement à l'intérieur de votre communauté, croyez-vous qu'on s'habitue à la mort ?
Chaque cas est poignant. J'ai vu des personnes réagir au départ d'êtres de 80 ans, de 90 ans, avec autant de souffrance que si c'était un être jeune. On ne peut pas être blindé contre la mort et banaliser le phénomène ; je suis obligé de comprendre la douleur de ces personnes, et je

ne peux pas du tout ne pas vivre en sympathie avec elles, et cela veut aussi dire souffrir.

Comment la Bible parle-t-elle de la mort?

La Bible parle de la mort pour mentionner que la personne va mourir. La mort frappe l'humain parce qu'Adam a fauté. À partir de ce moment, la Bible a déjà signifié à l'homme ce qu'est le phénomène de la mort, ce qu'est vivre, ce qu'est la notion de la vie par rapport à la mort. La mort vient mettre un terme à une vie dissolue. Peut-être me direz-vous que tout le monde n'a pas mérité la mort simplement parce qu'il y a eu une faute. On peut citer des personnages de la Bible dont la mort n'est pas du tout reliée à la faute, mais ils sont morts!

On dit que la mort frappe l'être humain parce qu'il entre dans l'économie de la création, dans l'économie cosmique. Effectivement, l'être humain a été créé dans ce monde en vue de l'autre monde; si la mort n'est que le billet d'entrée que nous devons payer pour aller dans un au-delà, elle est nécessaire. C'est ainsi que dans la Bible on voit le phénomène de la mort. On l'étudie non pas comme quelque chose de tragique, mais comme quelque chose de nécessaire. Il faut relier la mort à une mission de l'homme; il y a ceux qui vont l'accomplir et la mener à terme en peu de temps, et il y a ceux qui prendront quatre-vingt-dix ans pour y arriver.

Quelle est votre position face à l'euthanasie?

Lorsqu'une équipe médicale décide, par exemple, de brancher un malade sur des appareils parce qu'elle juge qu'il a des chances de s'en sortir, il est inadmissible qu'on décide par la suite de le débrancher ou d'essayer par d'autres systèmes d'abréger sa vie.

Inadmissible?
Inadmissible. L'homme est une machine extraordinaire, mais il a une seule limite, celle de ne juguler ni la vie ni la mort. Cela relève de l'autorité divine, cela appartient à Dieu. On a donné à ce médecin la possibilité de juger; le jugement qu'il a fait est peut-être le meilleur, il a branché le malade, il a donné des médicaments pour le sauver, il faut donc qu'il continue à lutter pour lui.

Oui, mais parfois les médicaments ou les machines en question sont utilisés dans un but strictement expérimental.
Il arrive souvent que des familles m'appellent parce que le père, la mère, ou un enfant est malade: «L'équipe médicale nous demande de débrancher le malade. Que dit la religion dans ce cas-là?» Je dis: «Interdiction de débrancher. Laissez le malade branché, donnez-lui les médicaments. Donnez-lui la chance.» Si on admet que la machine ne peut pas être mieux qu'un corps humain — un corps humain peut cesser de fonctionner subitement, même s'il est en bonne santé —, alors que peut faire la machine? Elle peut lui donner l'aide nécessaire pour fonctionner davantage, tout simplement; mais si le malade doit mourir, si ses fonctions essentielles ne répondent plus, les machines ne pallieront pas à tout cela. Les machines peuvent aider, mais lorsque le cœur ou le cerveau doit cesser de fonctionner, il va cesser de fonctionner.

Il nous est arrivé, à notre grande surprise, de voir des personnes — pour lesquelles je m'étais opposé à ce qu'on les débranche — actuellement bien vivantes, alors qu'elle avaient été médicalement condamnées.

Les soins palliatifs vous semblent-ils un bon compromis?
Puisqu'à ma connaissance les soins palliatifs peuvent aussi hâter la mort, ce n'est pas un bon compromis.

Hâter, peut-être pas, mais du moins soulager...
Ils soulagent, mais ils peuvent aussi précipiter la mort, et ce n'est pas le meilleur des compromis. Il faut laisser lutter. Soulager aussi, bien entendu, mais peut-être y a-t-il des moments où la personne peut trouver en elle-même l'énergie nécessaire pour s'en sortir.

Quelle importance la pensée juive accorde-t-elle aux notions de ciel et d'enfer, d'ange et de démon?
Les rabbins s'arrangent pour dire qu'un homme crée ses propres anges bénéfiques et maléfiques. Un homme qui fait une bonne action, qui agit moralement, crée en soi un principe spirituel qui va être bénéfique pour lui; la protection qu'il peut avoir vient de ce principe. En contrepartie, l'homme qui agit mal crée un désordre autour de lui, même dans sa propre essence, dans son être, et ce désordre peut être qualifié de démon, d'ange maléfique.

Ça s'approche un peu du concept existentialiste de la liberté, c'est-à-dire que selon la manière dont on se comporte, on crée ce que vous appelez de bons ou de mauvais anges...

Nous sommes d'accord. Nous ne rejetons pas l'existentialisme en tout et pour tout; il faut prendre ce qui est bon. Il est vrai que dans la philosophie de Sartre, de Heidegger ou de Husserl, et de Levinas — qui un des premiers a introduit l'existentialisme en France, même avant Sartre — on retrouve, exactement, des points de vue du judaïsme sur la liberté. Quand on choisit la voie qui mène à la perfection, la liberté est une voie bénéfique, «plénifiante», exaltante pour la personne.

Croyez-vous sincèrement qu'un homme puisse mériter l'enfer?
Croyez-vous qu'un homme qui a mal fait ne vive pas un enfer ici?

Oui, mais s'il le vit ici, c'est peut-être suffisant!
Mais s'il le vit moralement, il vit un enfer extraordinaire. Dites-moi, comment se fait-il qu'il y ait des gens dans des asiles psychiatriques? Comment se fait-il que des gens puissent, subitement, être en révolte contre eux-mêmes, et que cette révolte devienne une maladie, ou les mène carrément à un enfer? S'ils ont un blâme de leur conscience pour des actes qu'ils ont mal faits et qu'ils n'ont pas avoués, ou n'ont pas pu extérioriser, cela devient une révolte contre eux-mêmes, cela devient un enfer. Pourquoi éliminerais-je l'idée de l'enfer puisque je l'accepte dans la vie présente?

Et ce type d'enfer existerait dans un au-delà?
Cela ne me dérangerait pas de le concevoir.

Considérez-vous le peuple juif comme un peuple marqué
par la mort, qui vit avec et contre la mort ?
Le peuple juif est la revanche contre la mort, c'est la
résurrection continuelle, c'est la vie qui se renouvelle. Il
n'y a pas eu de disparition ; peut-être y a-t-il cette victoire sur la mort. Le peuple juif est très sensible à la mort
et à la souffrance ; nous avons souffert plus de deux mille
ans, nous vivons en exil, mais avons appris à vivre avec
la mort et aussi à vaincre, sur le plan général, en tant que
peuple.

La mort fait-elle partie de vos méditations quotidiennes, de
votre cheminement spirituel ?
Je dis toujours que la mort est la seule certitude qu'a
l'homme. Il est certain qu'il va mourir et que la mort
n'est pas tellement loin. Il doit toujours vivre avec cette
idée qu'un jour il va mourir, que demain il va mourir,
que dans un instant il va mourir. Et on ne livre pas à la
tentation quelqu'un qui va mourir, on ne le livre pas aux
désirs, aux appétits corporels ; un mort doit être moral.
Alors, celui qui sait que dans un futur très proche il sera
candidat à la mort doit se ranger. C'est une méditation
de tous les jours, oui.

En lisant sur la pensée juive j'ai cru saisir certaines allusions
à la réincarnation, mais de façon indirecte, on ne parle pas
d'êtres réincarnés dans des animaux ou d'autres choses, mais
le terme est quand même présent.
Le phénomène de la réincarnation est venu très tard, vers
le XVIe siècle, mais il est possible qu'il ait existé avant sans

qu'il soit manifeste dans les écrits. On considère que l'homme qui avait une mission sur la Terre et qui ne l'a pas menée à bien devrait revenir pour terminer ce qu'il avait à faire. Cette deuxième vie, c'est une deuxième chance qu'on donne à l'être humain qui a gâché la première.

Donc, on pourrait tous avoir une deuxième chance?
Est-ce qu'il faut viser? Non, il faut au contraire viser la réussite au premier jet. Avoir une deuxième chance est une punition, c'est un châtiment. Revenir ici-bas pour refaire ce qu'il n'a pas su faire au départ n'est pas du tout à la gloire de l'homme. Il faut réussir dès la première fois.

VIII

Le suicide

ENTRETIEN AVEC ÉRIC VOLANT

Éthicien, ex-directeur de la revue *Frontières* et auteur de *Jeux mortels et enjeux éthiques* aux éditions Sapientia.

Découragement provoqué par la dureté ou l'âpreté de la vie, lassitude laissée au cœur par la quête d'un sens qui bute tristement contre un horizon obstinément bouché, volatilité insupportable de l'existence et insipidité du retour d'un quotidien sans relief, creux intérieur causé par un départ, mélancolie envahissante diffusée par une absence, suprême essai de livrer un message, autopunition ou tentation de culpabilisation de son entourage, perte de son honneur. Autant de sentiments et de réalités intérieures ou extérieures qui peuvent offrir des raisons ou des explications au suicide.

Extrait d'un éditorial signé Fernand Couturier dans la revue *Frontières*, volume I, n° 2, automne 1988.

SERGE BUREAU : *Cet extrait, définissant les raisons susceptibles de mener au suicide, démontre à quel point le suicide est un monde complexe et difficile à saisir. Avec quels mots le définiriez-vous ?*
ÉRIC VOLANT : Je crois qu'il n'y a pas *un* suicide, il y a *des* suicides, et il faudrait donner une définition de chacun

d'eux pour circonscrire le phénomène. Mais on peut dire que le suicide est en général une réponse à un problème existentiel qu'une personne n'arrive pas à résoudre autrement que par la mort volontaire. Au fond, on est sur la terre pour tenter d'y habiter, d'y séjourner, d'y trouver un abri pour se protéger contre toutes les intempéries de l'existence, mais on dirait que des personnes n'arrivent pas à se construire des abris.

Nos abris seront toujours temporaires, jamais définitifs ; on peut trouver un abri dans la religion, dans la morale, le couple, l'amour, dans les loisirs, le travail, peu importe, mais il faut des abris pour se protéger, pour se trouver des balises dans l'existence et pour être capable de vivre dans un espace donné. Or, je crois qu'il y a des personnes qui ne sont plus capables de se trouver un abri satisfaisant, et qui par conséquent ne sont plus protégées. Mais il ne faudrait quand même pas non plus exagérer ; nous sommes dans une période de l'histoire où l'on a tendance à victimiser les personnes un peu trop vite, dans le sens qu'on en fait rapidement des victimes de la société ou de leur milieu. On enlève ainsi un peu de la responsabilité qu'a tout de même cette personne dans l'acte qu'elle accomplit. Il reste qu'il y a des gens plus vulnérables et plus exposés.

Voulez-vous dire que, dans ces circonstances, des personnes sont vouées au suicide ?
Je le crois, oui. D'après son expérience clinique, le professeur Dykstra, de l'Université de Leyde, en Hollande, prétend qu'il y a des personnes à vocation suicidaire qui,

dès l'âge de douze ans, commencent à parler ouvertement de la potentialité de leur suicide dans des termes
assez clairs et directs. Elles entretiennent pendant des
années cette «vocation», ce destin, et après avoir fait des
tentatives non réussies en arrivent à l'acte fatal et s'enlè-
vent la vie.

Le suicide peut être commis par des personnes qui
n'arrivent pas à établir des relations harmonieuses avec
leur environnement, mais aussi par d'autres qui ne sont
pas nécessairement hostiles à leur milieu. J'ai connu un
garçon de treize ou quatorze ans, très bien entouré, mais
qui entretenait des idées suicidaires, et lorsque ses
parents lui demandaient s'il était heureux, s'il était bien
traité, s'ils pouvaient faire quelque chose pour lui, il
répondait: «Mais non, vous avez tout fait; je suis heureux».

*Est-il possible d'aborder la problématique du suicide sans
jugement moral?*
C'est extrêmement difficile, mais il faut faire une distinction. Il faudrait qu'on puisse au moins définir le suicide
le plus objectivement possible, sans entrer dans la définition des éléments qui en font déjà un acte coupable. Il
faut ensuite se rappeler que la société aura toujours tendance à réprouver le suicide, pour la bonne raison qu'elle
peut difficilement admettre qu'un de ses membres ne
soit pas heureux de vivre à l'intérieur de la communauté.
Ce n'est plus depuis quelques années la société de production et de consommation qu'on a jadis connue, mais
davantage une civilisation tout à fait orientée vers le

bonheur et ses techniques. Il y a maintenant une multi-plication d'interventions auprès des personnes, et tous ces agents et intervenants qui promettent le bonheur, comme les politiciens, la famille, ou les parents, ne peu-vent évidemment pas être contents quand quelqu'un se suicide, parce que c'est au fond un procès qu'on leur fait. C'est du moins de cette façon qu'est perçu le suicide, même si la personne suicidaire n'a pas du tout l'intention d'accuser son entourage ou la société. Il y a bien sûr toujours une certaine réprobation liée à la religion, mais il y a aussi une réprobation sociale collective. C'est pour-quoi, même s'il y a aujourd'hui une certaine tolérance, on essaie encore de garder le suicide tabou.

La réprobation sociale n'est plus tellement exercée sur la personne suicidaire elle-même. Il y a un glisse-ment, et la culpabilité est reportée sur l'entourage, la famille ou le milieu professionnel qui n'ont pas su créer des relations interpersonnelles suffisantes, des conditions favorables à l'épanouissement de cette personne ; ou bien on dit que les structures et les institutions de la société ne sont pas bien faites, de sorte que la personne suici-daire est déculpabilisée et que la culpabilité devient col-lective.

C'est une attitude aux conséquences plutôt dangereuses.
Oui, parce qu'on enlève à la personne elle-même toute la responsabilité de son acte. Et c'est d'ailleurs ce que je reprocherais (même si le mot semble un peu fort) à la sociologie et à la psychiatrie, qui ont fait en sorte que le suicidé ne soit plus responsable de l'acte qu'il pose. Pour

la psychologie, le suicidé est un malade mental et il ne peut plus agir librement, son acte ne peut donc pas être volontaire; la sociologie, elle, reportera la responsabilité sur la société, sur la collectivité ou sur la communauté qui n'a pas su intégrer un de ses membres, ou qui est trop répressive ou trop lâche. Que la société soit anomique ou trop intégriste, peu importe, on prive ainsi le suicidé de son acte, ce qui est mauvais en soi. Ça ne veut pas dire que j'approuve ou que je réprouve un suicide; je n'ai tout simplement pas le droit de m'immiscer dans l'intimité de la conscience de chacun et de sa propre responsabilité.

C'est un peu pour cette raison que je vous demandais s'il était possible d'aborder la problématique sans jugement moral; on a tendance à former deux clans par rapport au suicide: ceux qui voient le suicide comme un acte de bravoure qui demande énormément de courage, de volonté, et ceux qui le jugent comme l'acte le plus lâche qui soit.
Ma propre perception, c'est qu'il faut tout de même un certain courage pour se supprimer. La mort volontaire n'est pas un geste facile. C'est après de longues hésitations et une procédure personnelle approfondie qu'une personne arrive à prendre cette décision. C'est un peu comme dans toute décision humaine; on est plus ou moins libre.

...On connaît une part des conséquences.
Oui. Je ne veux pas faire de comparaisons trop étroites entre le suicide et d'autres décisions, par exemple démé-

nager ou changer de carrière, cependant, parmi ces choix, il y en a qu'on est entièrement libre de faire, mais on est tout de même influencé par son milieu, par d'autres personnes ayant posé des gestes semblables, ou par les lectures qu'on fait. On ne peut donc jamais dire qu'un acte est chimiquement pur et libre.

Comment des gens qui détiennent une influence certaine, parfois sur des milliers de personnes, peuvent-ils décider de mettre fin volontairement à leurs jours ?
Il y a des cas où ça semble clair, comme celui de l'écrivain juif autrichien Stefan Zweig, qui s'est suicidé au Brésil avec sa deuxième épouse. Son cas est lié au découragement provoqué par la guerre ; il aimait beaucoup l'Allemagne et y était très intégré, mais ce qui s'y est alors passé l'a désespéré. Il y a des personnes pour lesquelles le suicide est une sorte de témoignage face à une société qui ne correspond plus à leurs désirs, une contestation de la société. Il y a aussi des personnes qui pensent avoir accompli leur existence et qui n'ont plus rien à ajouter ; d'autres enfin, malgré leur réussite et l'influence qu'elles ont, peuvent être déçues de leurs performances, de leur propre image, et considérer plutôt leur vie comme un échec.

C'est donc dire qu'on peut en arriver consciemment à sentir que sa vie est terminée.
Il y a des suicidés qui, selon moi, meurent vraiment prématurément, tandis que d'autres meurent au moment de l'apothéose de leur existence, ou au moment du

déclin. J'ai connu des gens qui se sont suicidés parce qu'ils voyaient petit à petit arriver leur déclin. Tout dépend des personnalités, mais il y a des gens pour qui l'image est très importante et si leur image est le moindrement atteinte, ils ne peuvent plus vivre, ils ne peuvent pas cohabiter avec une image négative d'eux-mêmes.

Il y a des philosophes à travers l'histoire, à travers les époques, qui ont non seulement justifié mais aussi valorisé le suicide...

Oui, surtout les stoïciens. Les stoïciens étaient en faveur du suicide comme acte de liberté ; ils insistaient beaucoup sur cette idée. Souvent c'était aussi lié à des devoirs sociaux et patriotiques qu'ils devaient assumer.

La douleur est aujourd'hui considérée comme très négative dans la société : on veut une société sans douleur et on exige le droit de ne pas souffrir, comme dans tout ce qui concerne l'euthanasie ou le contrôle de la douleur. Ce n'est pas que je sois personnellement sadique ou masochiste, ou que j'aime la douleur et la souffrance, pas du tout, mais on vit tout de même dans une société où tout ce qui est souffrance est considéré négativement. Il y a pour ainsi dire un droit subjectif de ne pas souffrir et on dirait que l'homme contemporain est hypersensible à la douleur, à la souffrance en général. Il y a non seulement un droit, mais quasiment un devoir de ne pas souffrir aujourd'hui. On dit que la société est censée pouvoir nous procurer le bonheur, alors quand on nous fait la promesse du bonheur et que vous ou moi ne l'atteignons pas, que nous souffrons, il faut cacher cette souffrance. On le constate d'ailleurs dans le deuil ; on doit autant que possible cacher ses souffrances et ses larmes. On est actuellement en train de régulariser la vie quotidienne à un point tel que le sujet ne peut plus respirer. Il y a un contrôle sur tout, sur les gestes amoureux qu'on doit poser notamment ; je ne veux pas dire qu'on n'a pas besoin de protection, mais il y a vraiment là un danger. C'est une situation où le sujet est trop protégé. À cause de toutes les formes de violence et d'agression qui existent, beaucoup de gens multiplient les mesures de sécurité autour d'eux, en installant des systèmes d'alarme dans leur maison par exemple. Mais le système de sécurité ne peut pas donner plus qu'une protection matérielle et physique, alors que la publicité entourant ces systèmes va jusqu'à promettre la paix de l'esprit.

Croyez-vous que le suicide puisse être héréditaire, voire génétique ? Peut-on transporter en soi le suicide en ayant eu des parents ou des arrière-grands-parents à tendance suicidaire ?
Ce n'est pas exclu. On fait sans cesse des recherches à ce sujet depuis le siècle dernier. C'est possible qu'il y ait là une certaine hérédité, mais comme dans toute chose il ne faut pas exagérer, il ne faut pas réduire les traits de personnalité de quelqu'un au patrimoine génétique. Il y a effectivement une part de transmission génétique, mais l'influence climatique peut aussi être prise en considération. Les études qui ont été faites ne sont peut-être pas concluantes, mais il n'est pas exclu que le climat ait des

influences. Il y a aussi un élément géographique qui entre en ligne de compte. Comment se fait-il que dans certains pays, comme l'Autriche et la Hongrie, le suicide ait été constamment plus élevé? On ne peut pas expliquer le phénomène du suicide par une seule et unique cause; une partie de la transmission s'explique par la génétique, mais d'autres parties viennent du milieu géographique et de l'éducation.

Vous savez qu'il existe même des livres de recettes pour bien réussir son suicide...
Oui, comme *Suicide, mode d'emploi... Exit...*

Doit-on s'y opposer ou voir la chose comme une conséquence de notre démocratie?
Je ne crois pas que dans une société démocratique, avec la liberté d'expression, on ait beaucoup d'outils pour s'opposer à l'apparition de ces volumes qui proposent des moyens de suicide. D'autre part, ce n'est peut-être pas si mauvais; on n'y traite pas seulement des moyens, mais également des inconvénients de certains moyens. Ce sont finalement des livres relativement bien faits. Je ne m'y oppose pas d'emblée, mais je fais quand même une réflexion plus générale et je constate qu'on recherche une fois de plus la performance et l'excellence, même dans la mort. On veut réussir sa mort finalement; on est dans une société où tout doit être excellent, même le mourir. Il faut aussi réussir sa sortie!

Si vous regardez un peu en avant, dans les décennies à venir, avez-vous l'impression que nous sommes voués à mourir de plus en plus volontairement?

Je crois qu'il y aura dans les prochaines années une tendance à considérer l'euthanasie comme un geste de plus en plus acceptable, tout comme le suicide assisté d'une personne malade en phase terminale. En ce qui concerne le suicide, ce sera plus difficile, car il y aura toujours la réprobation sociale. Toutefois, il y a peut-être une plus grande tolérance aujourd'hui. L'Église par exemple se montre plus indulgente vis-à-vis de la personne qui se suicide ; cette dernière est maintenant enterrée dans le cimetière et peut recevoir les mêmes honneurs que les autres. Mais je crois quand même que la société ne s'ouvrira pas rapidement à une acceptation, à une reconnaissance sociale du suicide, sauf en cas de maladie.

IX

Le sida

ENTRETIEN AVEC DOMINIQUE FERNANDEZ

Auteur de plusieurs livres dont le roman *La Gloire du paria*, paru dans la collection « Le Livre de poche » chez Grasset en 1987.

De toute façon, la vie éternelle est une promesse terrifiante. Cela signifie l'arrêt du temps. Vous imaginez un sablier qui ne se vide plus ? Je me pose des questions comme ça. Est-ce que l'on peut se suicider au ciel ? Est-il normal que des parents enterrent leur fils ? De toute façon je ne veux pas être enterré, je veux être « enciellé », comme je dis. Je veux que mes cendres soient dispersées. En attendant, je me répète des mots comme sérénité, calme, force, courage. Je refuse d'avoir peur, je pense à un autre livre. Je parle au virus et je fume, je fume « inconsidérablement ». Je joue avec ma santé comme un chat avec une souris morte.

Pascal de Duve, *Cargo vie*, Éditions Lattès, 1993.

SERGE BUREAU : *De tout temps la mort a inspiré les créateurs, que ce soit des écrivains, des peintres ou encore des chorégraphes, ou des cinéastes, mais lorsqu'on porte la mort en soi, cela devient tout de même un peu différent... Ces artistes créateurs atteints du sida ont-ils raison de se nourrir de leur propre mort pour exprimer leur création ?*

DOMINIQUE FERNANDEZ: Je crois que le fait d'avoir le sida vous change complètement et détermine votre création.

Donc ce n'est pas un choix... À partir du moment où l'on est atteint du sida...
... On ne peut pas l'ignorer. Il devient une partie tellement importante de la nature.

Mais croyez-vous qu'un individu atteint du sida et qui possède quelques notions d'art, ou enfin qui a des goûts pour la création, puisse devenir tout à coup un créateur dans le sens le plus large ?
Non, je ne crois pas ! Ce n'est pas parce qu'on a le sida qu'on devient créateur. Mais si on est déjà créateur, si on est porté à créer par son tempérament, le fait d'avoir le sida apporte un élément nouveau qui devient capital, qui devient constitutif même de l'acte créateur.

Il y a sans doute une grande différence entre l'angoisse de la mort exprimée dans une œuvre et le fait d'être poussé à créer par la mort imminente ; autrement dit, il y a une grande part de la création qui est inspirée par la mort, mais lorsqu'on porte en soi cette mort annoncée, j'imagine que la manière de penser et d'exprimer les choses est différente.
Oui, mais les gens ont tendance à croire que le sida est la première maladie mortelle qui frappe les artistes, pourtant il y a une longue tradition d'artistes ainsi frappés. Au XVIIe siècle, Pascal par exemple, qui était malingre, maladif, est mort d'un cancer à l'âge de trente-sept ans,

mais toute son œuvre est marquée par l'angoisse de la mort. La fameuse angoisse pascalienne, c'est le pressentiment de sa propre mort.

Ensuite le cancer, et surtout la tuberculose au XIXᵉ siècle, ont inspiré beaucoup d'œuvres. *La Dame aux camélias*, *La Traviata*, c'est la tuberculose, *La Montagne magique* de Thomas Mann également. Il y a aussi la syphilis. Un grand nombre de créateurs importants du XIXᵉ siècle, de Schubert à Nietzsche et de Baudelaire à Hegel, ont vécu avec ce mal mortel en eux. Ce n'est donc pas une nouveauté. Avec le sida, ce n'est pas la première fois qu'un artiste est condamné à mort, qu'il le sait, et qu'il travaille sur sa propre mort.

Sauf qu'à l'époque où on était atteint de la tuberculose, on n'a peut-être pas parlé de la même façon qu'on le fait maintenant lorsqu'on est atteint du sida. L'œuvre n'est pas une réflexion, ou enfin une angoisse par rapport à la maladie que l'on porte en soi!... Quand on lit La Montagne magique, *ce n'est pas la même chose que de lire Hervé Guibert, par exemple.*

Non, mais c'est parce que Thomas Mann n'avait pas le même tempérament. Le sida n'est pas la première rencontre entre l'artiste et la mort. Il y en a eu des quantités depuis que le monde est monde.

Mais lorsque vous écrivez, comme vous l'avez fait il y a quelques mois dans le Nouvel Observateur *: «Éros et Thanatos réunis hantent livres et films et donnent naissance à des chefs-d'œuvre», est-ce pour vous une manière d'exorciser* *l'angoisse provoquée par le sida ? Est-ce que ça vous permet de donner, si vous me passez l'expression, certaines lettres de noblesse à la maladie ?*

Le sida est une maladie en majeure partie d'origine sexuelle. Il y a cet aspect de la maladie auquel je me référais, et surtout à l'homosexualité, puisqu'en majorité, en France en tout cas, les malades du sida sont des homosexuels. Il y a bien sûr les cas de transfusions sanguines, et maintenant la maladie s'étend à toutes les catégories de population, mais à l'origine, et en France, le gros contingent de malades du sida provenait de la population homosexuelle. Or, cette population a été libérée d'un long interdit, d'une honte et d'une ségrégation interminable par mai 1968 — je prends cette date symbolique — où tout d'un coup ce tabou est en grande partie tombé ; il y a eu une explosion de liberté sexuelle dont ont bénéficié surtout les homosexuels. Pour la première fois dans l'histoire de l'Europe occidentale, et peut-être du monde, l'homosexualité a été non pas permise, non pas complètement licite, mais au moins en grande partie libérée ; il y a eu une liberté des mœurs sexuelles. Si on considère que le sida est apparu au début des années 1980 et a vraiment explosé vers 1985-1986, il n'y a donc même pas eu vingt ans de liberté sexuelle, puisque si la réprobation et la législation se sont assouplies, d'autre part est survenue cette chose bien pire qu'est le virus du sida !

Donc cette liberté a très peu duré. Il y a eu pendant ces années de liberté une création homosexuelle dans le roman et dans le film, mais à mon avis de mauvaise

126 • *Aujourd'hui, la mort*

qualité. C'est là un autre sujet de réflexion. Pourquoi est-ce que la liberté, au lieu d'améliorer la qualité artistique des œuvres, la diminue? En tout cas c'est un fait, il n'y a rien eu de comparable pendant ces vingt ans à ce qu'il y avait du temps de la honte et de la répression, du temps de Gide, de Julien Green, de Genet, de Proust, rien! Il y a eu des œuvres très médiocres où chacun déballait ses fantasmes, et ça n'avait pas beaucoup d'intérêt.

Avec l'apparition du sida, qui est une autre forme de contrainte, mais bien pire, on constate que la qualité des œuvres a tout à coup remonté d'une façon extraordinaire. C'est vraiment un sujet de réflexion. Je ne sais pas quoi en penser d'ailleurs; je le constate simplement. Vous parliez de Guibert... C'était un bon écrivain, doué, brillant, mais un peu futile, qui n'avait rien à dire au fond, mais qui tout d'un coup, mordu par le sida, a écrit deux chefs-d'œuvre: *À l'ami qui ne m'a pas sauvé la vie* et *Le Protocole compassionnel*. Vraiment deux chefs-d'œuvre!... parce que soudainement il avait quelque chose à dire, et c'était l'angoisse de sa propre mort. Voilà un cas précis, et on pourrait en évoquer d'autres, où le Thanatos, c'est-à-dire la mort, a repris l'Éros dans sa griffe, dans son carcan, dans son horreur, au bénéfice de la création. C'est horrible, mais c'est ainsi.

Pensez-vous à ces gens qui disparaissent à cause du sida?
Est-ce que cela se répercute dans votre création?
Non. Par contre, cela se répercute dans ma vie parce j'ai perdu énormément d'amis ou des gens que j'admirais

beaucoup. On peut dire que le sida en France est une catastrophe aussi importante que la guerre de 1914. Il y a toute une génération de créateurs, entre trente et quarante ans, qui est fauchée. En Europe, c'est en France que la proportion des créateurs est la plus forte dans la population atteinte par le sida. Ce n'est pas du tout le cas en Italie et en Allemagne où l'on cite un ou deux cas de gens connus. Il y en a beaucoup aux États-Unis, bien sûr, mais en France on en retrouve dans le domaine de la littérature, depuis Foucault jusqu'à Guibert ; dans le domaine de la danse, depuis Noureev jusqu'à Dominique Bagouet ; dans le domaine de la musique, avec le haute-contre Henri Ledroit, le claveciniste Scott Ross ; dans le domaine du théâtre, dans le domaine de la mode... C'est vraiment toute une génération qui a été décimée. C'est un drame très important pour la création, et je crois qu'on n'a pas encore mesuré l'ampleur de cette tragédie. C'est une tragédie humaine, bien entendu ! Je ne dis pas que les autres morts soient moins intéressantes que celles des créateurs, mais c'est une tragédie pour la création qu'une génération entière ait été ainsi liquidée.

C'est tout de même un phénomène particulier qu'une génération d'artistes disparaisse en quelques années. On sera un certain temps sans artistes ni créateurs...
Enfin, dans la mesure où il y a une grande proportion d'homosexuels chez les créateurs. Ceux qui ne le savaient pas ont l'occasion de le découvrir.

La disparition de plusieurs de vos amis remet-elle en question certaines de vos conceptions? Cela fait-il à tout le moins partie de vos préoccupations?

Vous savez, la mort est toujours là. On risque tout autant la mort chaque fois qu'on monte en voiture que par le sida. On sait en naissant qu'on va mourir. Je n'y pense pas parce que je sais que c'est inévitable. Je n'ai pas un tempérament masochiste, je vais de l'avant ; je suis plutôt un type fonceur ! Quand la mort viendra, elle sera là, et puis c'est tout ! Ça ne m'intéresse pas d'y penser.

J'avais l'impression, à travers certaines lectures et certaines recherches, qu'il était pratiquement impossible de poursuivre un processus de création sans être, non pas obsédé, mais concerné par la mort.

Pas du tout. Mais il y a des gens obsédés par la mort, qui y pensent tout le temps. Je dirais comme Montaigne que « la mort est le bout de la vie et non pas le but ». C'est une nécessité à laquelle nul n'échappe, mais ce n'est pas la peine d'y penser. Elle sera là bien assez tôt.

Quand vous parlez d'Éros et Thanatos, comparez-vous le phénomène actuel du sida aux grands mythes amoureux qui ont existé, tels Hyacinthe et Apollon ou Roméo et Juliette?

En général, l'Éros, qu'il ait été homo ou hétérosexuel, a toujours été associé à la mort. Tous les grands mythes de l'amour sont en même temps des mythes de mort, qu'il s'agisse de Roméo et Juliette, de Tristan et Iseult, de Didon et Énée ou d'Othello et Desdémone. La mort est obligatoirement la sanction de l'amour. C'est le vieux puritanisme judéo-chrétien qui pèse sur toutes les civilisations occidentales: l'amour, qu'on associe à la liberté, ou au plaisir, doit être puni. À plus forte raison s'il est homosexuel, puisqu'il y a double faute évidemment: un amour et un amour interdit. C'est le mythe de David et Jonathan, dans la Bible: ils sont des amis de cœur, sans doute aussi des amants, et Jonathan meurt. Dans la mythologie, il y a Apollon et Hyacinthe: Hyacinthe, l'amant d'Apollon, est tué. Puis Oreste et Pylade... Enfin, il y a une série de mythes homosexuels, plus ou moins larvés, mais qui sont là. L'humanité a beaucoup de mal à admettre que l'amour soit permis sans sanction. C'est une conquête très récente qui a aussitôt été interrompue par le sida.

Dans les années qui suivent mai 68, on parle de libération... Il y a une explosion des mœurs, et tout aurait dû bien se passer, puis ce fameux mythe d'Éros et Thanatos nous tombe sur la tête! Ce n'est pas de la fiction!

C'est le retour de Thanatos après une permission de quinze ans. J'ai écrit un roman sur le sujet et je crois que c'est le premier roman sur le sida: *La gloire du paria*, qui est paru en 1987. Il a donc été écrit bien avant l'explosion médiatique du sida. J'avais déjà des amis morts du sida mais on en parlait beaucoup moins. C'est vers la fin de 1986 que, tout d'un coup, on a pris conscience de l'ampleur du problème. Dans ce roman qui raconte la mort d'un homme vivant en couple avec un autre garçon, je posais ce problème philosophique: «Pourquoi Éros n'arrive-t-il pas à se libérer de Thanatos?» Autrefois c'était la réprobation, c'était la religion, la morale, etc., qui faisaient qu'on devait punir les amoureux, les amants. Aujourd'hui, c'est la nature elle-même qui sévit, puisque c'est un virus biologique. Il n'y a pas de réponse. Un créateur n'a jamais de réponse, mais je trouve qu'il y a un vrai problème philosophique dans cette fatalité du couple Éros et Thanatos qui revient sous une forme ou une autre durant tout le cours de l'histoire.

C'est d'autant plus étrange qu'il est impossible de trouver des réponses.
En tout cas, au moment où l'on se croit libéré, il y a cette calamité qui reprend. Je pense que lorsque le sida sera vaincu, il y aura encore autre chose, je ne sais pas sous quelle forme, qui interdira la libération de l'Éros par rapport à Thanatos.

Le fait que vous ayez l'impression que ces choses puissent éventuellement revenir vous donne-t-il à penser qu'on doit tenter de s'en préserver, qu'on doit cesser d'agir comme on agissait?
Non. Je crois que ça fait partie de la vie, qui est un risque de toute façon. Je ne sais même pas si la liberté totale est un but tellement souhaitable.

Vous arrive-t-il parfois d'observer la mort telle qu'elle est vécue ou exprimée dans nos sociétés contemporaines?
Qu'est-ce que vous appelez «observer la mort»?

Vous arrive-t-il d'observer les réactions des gens face à la mort là où elle se produit, à l'extérieur de nos réalités quotidiennes, dans les hôpitaux?

Non. Enfin, je me suis occupé de mes propres morts! J'ai vu comment ça se passait pour ma grand-mère et ma mère.

Êtes-vous satisfait de la manière dont les choses se sont passées?

Ç'a été difficile parce que les vieilles personnes amènent un autre problème, c'est plutôt celui de la vieillesse que celui de la mort. Quand une personne n'est plus en état de se gouverner elle-même et qu'elle a besoin d'aide médicale, c'est pénible, parce que la société hospitalière est sous-développée, et très insuffisante; mais le problème devient alors plus technique que philosophique.

Y a-t-il des œuvres écrites ou créées par la mort qui vous ont marqué?

Il y a des œuvres récentes, comme celles de Guibert, ou le film de Collard. Collard est un autre cas extrêmement curieux, car il avait écrit un roman assez médiocre il y a trois ou quatre ans, *Les nuits fauves*. C'était une histoire de coucheries, de garçons, et à mon avis ce n'était pas très bon, mais tout à coup, trois ans après, il fait ce film que j'ai trouvé très fort, étonnant. J'ai mis beaucoup de temps avant d'aller le voir parce que je le croyais racoleur, mais pas du tout. C'est un film extraordinaire, où quelqu'un qui est saisi par la mort — parce qu'il était déjà très malade et il est mort juste après l'avoir fini —

dit ce qu'il a à dire avec un sentiment d'urgence. Cependant, s'il n'y avait pas le sida dans ce film, il n'aurait aucun intérêt, ce ne serait qu'une histoire de coucheries, stéréotypée, conventionnelle. À mon avis il n'y a rien de plus ennuyeux que l'érotisme dans la littérature ou au cinéma ; c'est toujours pareil et assez mécanique. Mais parce que la mort est derrière, même si elle n'est pas toujours nommée, ce film prend une grandeur, une beauté saisissante !

Et c'est à la fois saisissant et cruel de se rendre compte que l'on puisse être intéressé par un film ou une œuvre à cause du sida qu'on y trouve...
On ne s'y intéresse pas pour cette raison ! Mais si on réfléchit à ce qu'on a vu, on se dit : « S'il n'y avait pas cette mort, ce film serait beaucoup moins fort. » Ce film rejoint donc les grands mythes de l'amour et de la mort. Sa dimension dépasse le petit plan réaliste des relations sexuelles qui n'a pas grand intérêt.

Êtes-vous préoccupé par des problèmes contemporains comme l'euthanasie ?
Ah oui ! Je ne sais pas comment, mais il faut que je prenne mes dispositions ; je souhaite qu'on me pique si un jour je deviens gâteux ! Je trouve horrible la déchéance mentale ou physique.

Oui, sauf que vous savez qu'il est justement important de prendre ces décisions avant que les choses se produisent.

Il paraît que plus on vieillit, plus on tient à la vie ; on le voit chez les vieillards, ils y tiennent férocement. Je crois tout de même que l'euthanasie doit être permise, et même encouragée.

Doit-on aller jusqu'à la légaliser ?
Oui, en faisant attention que les gens n'en profitent pas pour expédier au ciel leur belle-mère, leur mari ou leur conjoint ! Évidemment, il y a des abus possibles. Mais si quelqu'un est condamné, il faut qu'il puisse autoriser quelqu'un d'autre à le piquer.

J'avais un vieux chien qui s'est mis à baver, à se traîner, c'était horrible. Je l'ai amené chez le vétérinaire qui l'a piqué, sans avoir besoin d'une loi spéciale. C'est beaucoup plus humain pour les chiens que pour les hommes ou les femmes qui traînent des vies misérables. Si la personne condamnée souhaite qu'on prolonge sa vie, tant mieux ; mais si elle ne le veut pas ? C'est très difficile de se suicider, surtout si on est vraiment diminué physiquement. Comment faire ?

C'est qu'à partir d'un certain moment, qu'ils le veuillent ou non, comme vous le disiez, d'autres responsables prendront les décisions. Les médecins par exemple décideront : lui doit vivre, elle doit mourir...
Oui... On le fait déjà. La mort est charitablement hâtée par les médecins chez plusieurs malades du sida. On ne le dit pas à cause d'éventuels procès affreux, mais ils ont mille fois raison. Quand on sait que quelqu'un va mourir

dans un mois dans le désespoir et la déchéance, il vaut mieux l'endormir doucement.

Est-il nécessaire de croire à l'immortalité pour bien vivre ou bien mourir?
J'écris pour être immortel, sinon je n'écrirais pas; enfin, ce n'est pas pour être immortel, c'est plutôt pour passer à la postérité, pour qu'il reste une trace de mon passage sur terre. Je ne suis pas croyant. Dieu n'existe pas. Je ne pense pas qu'il y ait une survie ni quoi que ce soit, mais si on a fait une œuvre, on espère qu'elle survivra. C'est une forme d'immortalité.

Mais vous y croyez plus pour une œuvre que pour l'humain...
Je n'y crois que pour les œuvres. Qui survit dans l'histoire de l'humanité? Ceux qui ont fait une œuvre, de quelque ordre qu'elle soit.

Peu vous importe l'endroit, si endroit il y a, où vous vous retrouverez...
Je ne me retrouverai nulle part! Je serai pulvérisé. Je ne crois pas du tout à une survie, mais il y a une survie par les œuvres.

Vous croyez réellement que l'esprit meurt avec le corps?
Oui, bien sûr, tout meurt. C'est ce qu'on a fait qui reste.

Il devient donc symptomatique de s'intéresser à la mort aujourd'hui. C'est un sujet qui préoccupe énormément de

gens. *Il y a des groupes qui accompagnent les mourants, des groupes qui revendiquent une mort douce...*
Mais c'est très bien!

... La mort est une préoccupation dans la société actuelle.
Pas seulement actuelle, depuis toujours en fait. Elle est peut-être même moins présente aujourd'hui qu'autrefois; il n'y a plus d'enterrement, par exemple.

Mais il y a des mouvements de revendications; on veut justement se réapproprier la mort.
À Paris quand j'étais enfant, on voyait une foule en noir suivre des corbillards qui allaient au pas, de l'appartement du mort à l'église. C'est terminé. On met le mort à toute allure dans une voiture rapide où monte la famille et on fonce au cimetière; on ne veut pas voir. La société actuelle ne veut pas voir la mort, mais on s'occupe des problèmes pratiques, bien sûr! Moi-même, je m'occupe un peu de l'aide aux mourants, de l'aide aux malades du sida. C'est très important. Mais pour moi ce n'est pas la mort, c'est l'organisation hospitalière, c'est pratique!

Ce sont quand même des rites reliés à la mort...
Non. C'est relié à la vie. C'est pour adoucir la vie des mourants. Ce n'est pas pour préparer la mort; c'est autre chose.

On n'a pas à préparer la mort, elle vient en temps et lieu et puis voilà, c'est tout.

Quand quelqu'un est trop malade pour s'occuper de lui-même, c'est évident qu'il faut l'aider, par de l'argent, des soins, des campagnes pour réclamer des améliorations. En France, l'aide aux malades du sida n'est pas encore assez développée. J'ai vu dans le journal que des mesures viennent d'être adoptées pour doubler les investissements, les chambres d'hôpital. Il faut continuer dans ce sens-là, parce qu'il y a des situations épouvantables, le sida est une maladie extrêmement coûteuse à soigner et, en plus, on sait que ça ne sert à rien ; il faut du moins faire en sorte que les conditions matérielles de ces gens soient décentes.

X

La mort dans l'Islam

ENTRETIEN AVEC MOHAMED MARZOUGUI

Imam de la mosquée Abu Bakr de Montréal.

Lorsqu'un croyant arrive à l'heure de la mort, la loi veut que la profession de foi soit récitée à son chevet. Les lamentations des femmes feront ensuite connaître le décès aux voisins, puis le corps ayant été lavé, commence la récitation de certains passages du Coran. Le cortège funèbre s'arrête habituellement à la mosquée où l'on prie avant de se rendre au cimetière. Le corps du défunt est enveloppé d'une pièce d'étoffe non cousue et couché sur le côté droit, la tête tournée vers La Mecque.

L'Islam et les musulmans, Jean-René Milot, Fides, 1993.

SERGE BUREAU : *Il serait intéressant, dans un premier temps, que vous définissiez le rôle de l'imam.*

MOHAMED MARZOUGUI : L'imam a la responsabilité de diriger la prière, d'interpréter l'islam, d'enseigner le Coran et la tradition du prophète. Il aide aussi les musulmans à connaître ce qu'Allah a transmis au prophète Mohamed. C'est donc une responsabilité de connaissance; l'imam sait plus que les autres musulmans ce qu'est l'islam.

En ce qui concerne plus spécifiquement la mort, est-ce que cette description partielle de Jean-René Milot, à propos des rites funéraires, correspond aux us et coutumes de l'islam actuel?

On trouve beaucoup de significations dans ce qu'a dit l'islam sur la mort, mais toutes convergent vers une seule idée : l'islam est un retour à Dieu ; la mort est un retour à Dieu. En fin de compte, la mort est une réalité, elle est la ligne de séparation entre deux étapes, entre cette vie et l'autre vie. On peut dire aussi qu'il y a une différence entre la mort naturelle et d'autres types de morts, comme le suicide par exemple.

Mais en ce qui concerne les rites et les croyances, fait-on encore les mêmes choses? Les lamentations des femmes existent-elles toujours? Couche-t-on le cadavre sur le côté droit? Ces rites sont-ils toujours respectés?

Lorsque le musulman meurt, on commence par le laver selon la tradition qu'a laissée le prophète ; on l'enveloppe ensuite dans des pièces de tissu blanc pour signifier notre respect ; après, il y a la prière dans la mosquée ou au cimetière, dirigée par l'imam. Puis on l'enterre et on revient.

Le corps est-il embaumé?

Non, dans l'islam, il y a le respect du corps, il reste comme il est.

Est-il exposé pendant quelques jours?
Non. Selon les recommandations du prophète, il faut se précipiter pour enterrer le corps.

Il peut donc arriver très facilement qu'un musulman pratiquant décède et que, pour une raison ou une autre, sa famille n'ait pas la chance de le voir ou de le pleurer.
Certains le laissent un jour, mais pour l'islam le mieux est de se précipiter pour l'enterrer.

Le plus vite possible?
Oui, parce que c'est bien pour lui, parce que si l'on considère les termes enfer et paradis, c'est le début de l'autre vie. Pour l'islam, si cet homme a fait du bien, s'il a suivi le Coran et la tradition du prophète, s'il a suivi le bon chemin, on peut dire que son tombeau est comme un petit paradis. Et pour l'autre, c'est le contraire.

L'autre?
L'autre, le mécréant.

Qu'est-ce qui est le contraire?
Le mécréant qui n'a pas suivi le chemin de l'islam, qui n'a pas bien obéi aux directives du Coran et de la tradition du prophète.

Lui s'en va directement en enfer?
Non, pas directement, mais c'est un commencement.

La loi islamique est-elle claire à propos de la mort? Est-elle sévère? Est-elle appliquée par les croyants?
Bien sûr. Normalement, dans l'absolu, il faut qu'on applique la loi islamique, mais c'est différent pour chaque famille, pour chaque coin de pays, pour chaque pays du monde musulman. Lorsqu'il y a un mort, certains suivent les recommandations du prophète, d'autres, peut-être 50 %, les suivent un peu moins. C'est différent d'une famille à l'autre, d'un coin de pays à l'autre.

On prend certaines libertés, il existe une certaine tolérance...
Oui, on peut dire qu'il y a une certaine tolérance lors des funérailles.

Que dit-on à propos de la mort dans le Coran?
La mort est un retour à notre Dieu, une ligne de séparation entre deux vies, celle-ci et l'autre qui est éternelle. De plus, quelques versets du Coran nous indiquent que c'est une épreuve de notre Dieu pour les musulmans.

Les images qu'on a de la mort sont-elles en général terrifiantes, ou douces, paisibles?
C'est l'autre monde. C'est l'invisible.

Mais existe-t-il des légendes ou des contes, des écrits qui parlent de la mort?
Il y a dans le Coran des versets qui parlent de la mort; il y en a beaucoup.

La mort est donc intégrée à la vie.

Bien sûr. C'est un des éléments de la conviction du musulman.

L'attitude devant la mort diffère-t-elle selon que l'on est moderniste ou fondamentaliste?
Non, je ne crois pas. Dans l'islam, la mort c'est la mort.

Mais le fait d'être soumis à la mort signifie-t-il que l'on est croyant?
Oui. Croire qu'il va mourir est pour le musulman un des éléments de la croyance; c'est la fin de la vie et le début d'une autre.

Se pose-t-on des questions par rapport à ces affirmations?
Oui, on peut se poser des questions si on veut.

Remet-on en question ces affirmations?
Non. D'après l'islam, non.

Jamais?
Jamais.

Il est donc interdit de réfléchir aux conséquences de la mort, en quelque sorte?
Non, réfléchir sur les conséquences, c'est bien... pour se préparer. Il y a la mort, et après la mort, qu'est-ce qu'il y a? On se pose la question.

Lorsqu'on lit sur l'islam, il y a certaines images qui reviennent régulièrement, celles des anges par exemple, du jugement dernier, de la résurrection, du ciel, de l'enfer. En quoi ces images, ou ces notions, sont-elles différentes des croyances chrétiennes ou juives ?

D'après l'islam, il faut croire aux anges, à la résurrection, à l'enfer et au paradis, au tombeau ; mais la question est : « Pouvons-nous matériellement, par expérience, vivre ça ? Peut-on le voir ? » C'est difficile, parce que dans l'islam toutes ces notions concernent l'invisible ; c'est ce qu'on ne connaît pas, c'est l'autre vie, c'est la métaphysique.

Mais ces images ressemblent à celle des chrétiens ou des juifs...

Peut-être que les chrétiens ou les juifs essaient d'en donner des images matérielles, mais dans l'islam c'est interdit.

Dans l'islam ces images n'existent pas matériellement ?

Non. D'après l'islam, nous devons croire à cela. Il est certain que les anges existent, que le musulman qui est mort va vivre une autre vie, et moi aussi, mais pour vivre cette réalité il faut attendre la mort. On peut penser, on peut réfléchir à ce qu'il nous faut croire selon notre livre et la tradition du prophète, mais concrétiser ces images, ces notions, c'est difficile.

Peut-on dire, par rapport aux écrits, que tout ce qui est interdit pendant la vie terrestre sera permis dans l'au-delà ? Pensons surtout aux plaisirs sensuels, au vin par exemple.

La sorte de vin dont parle le Coran n'est pas comme le vin d'ici, qui est interdit par l'islam. Le Coran en parle dans plusieurs versets : il y aura des femmes, il y aura du vin, plein de choses ; mais ce n'est pas comme dans cette vie, le vin ne sera pas comme le vin de cette vie...

C'est peut-être une manière d'accepter les souffrances et les mauvais côtés de la vie. On se dit : « Bon, ça va mal, on n'a pas ce qu'on veut dans la vie actuelle, alors éventuellement si je suis au ciel, j'aurai toutes ces choses. »
Non, ce n'est pas cette mentalité qui nous habite. L'islam pousse le musulman à vivre sa vie dans la joie, avec les siens, avec ses biens ; l'islam le pousse à faire tout pour se satisfaire, non pas à rejeter cette vie. Il vit cette vie, mais il sait qu'une vie meilleure l'attend ; il ne vit pas les souffrances en disant : « Voilà, on rejette tout, on ne fait rien, tout ce qu'on vit est à rejeter. » Ce que dit le prophète Mohamed est clair : « Il faut que le musulman vive cette vie comme elle est, mais qu'il pense à l'autre. »

Penser à l'autre vie est une manière d'assumer d'une façon plus agréable ce qui se passe ici, maintenant.
Oui, bien sûr, parce que nous croyons que la vraie vie, la vie essentielle, c'est l'autre vie.

La vraie vie, c'est la vie après la mort ?
Oui, bien sûr.

Admettre que l'homme n'est pas véritablement libre de ses actes, comme semble le prétendre l'islam, signifie-t-il que l'homme croyant et pratiquant remet son destin entre les mains d'Allah ?

Non. D'après l'islam, il y a un espace où l'homme est libre, où il a le choix de faire telle ou telle chose, et il sera jugé d'après ce qu'il a fait. Mais il y a un autre espace où je crois qu'il est limité : par sa naissance, par sa couleur, par toutes sortes de choses ; il n'a pas le choix d'être tel qu'il est.

Mais son destin est entre les mains d'Allah ; Allah sait à quel moment il va mourir...
Bien sûr.

Que dit l'islam par rapport à l'euthanasie ?
L'islam rejette ça. Il est ferme sur ce point.

Pourquoi ?
Parce que la vie est un droit pour l'être humain, un droit donné par Allah, par Dieu. C'est lui qui décide ; lui seul a le droit ; lui seul connaît le moment de la mort, que ce soit dans la soufrance ou autre chose. L'islam rejette l'euthanasie.

Peu importe que la personne souffre terriblement ?
Peu importe.

Vous trouvez que c'est normal de penser de cette façon ?
L'euthanasie est à rejeter. Je suis sûr et certain que l'islam est ferme sur ce point. La vie est un droit. Il faut qu'on respecte l'être humain. Il y a des souffrances, des maladies, mais peut-être ces épreuves se changent-elles en autre chose ; il faut que l'humain soit patient. Que le monde médical tente, par les recherches des savants, de

minimiser ces souffrances, je le comprends ; mais mettre fin à la vie, c'est à rejeter.

Est-il juste d'affirmer que l'une des meilleures façons d'accéder à la vie céleste est d'être tué au combat, ou de se faire martyr de la cause ?
Non. Je crois même qu'il y a des paroles du prophète qui disent qu'il ne faut pas se confronter avec les autres. D'après le contenu de ces paroles, il n'est pas question que les musulmans se précipitent vers la mort. Pour ce qui est du martyre, on trouve son véritable sens dans les termes du Coran et dans certaines paroles du prophète. Il s'agit de défendre légitimement l'islam, votre pays, votre nation, votre religion ; mais il ne s'agit pas de défendre ces choses dans le désordre. Il y a plusieurs recommandations pour cet acte dans l'islam ; on ne le fait pas aveuglément, ce serait inacceptable. Il faut suivre le Coran et les paroles du prophète sur chaque point, dans chaque acte de notre vie.

Dans l'islam, on décrit l'enfer comme ayant sept degrés, et le ciel huit. Est-ce que ce sont des étapes par lesquelles l'âme doit passer, ou accède-t-on à un degré pour y rester ?
D'après le Coran, à la fin de cette vie, il y aura le jour du jugement, et après, le paradis et l'enfer. Notre Dieu est juste, et ce ne serait pas rendre justice que de punir globalement, sans distinction, les actes des individus ; il y a donc, d'après le Coran, sept niveaux en enfer. Chaque niveau a son nom, et à chaque niveau correspond un certain degré de mal commis par un individu, un pour-

centage si on peut dire. Si un homme a commis 20 % de mal, ce ne serait pas juste de le considérer comme l'autre qui en a fait 80 %.

Mais il y a la possibilité d'expier.
...oui, il y a cette possibilité...

...et de se retrouver dans un degré plus agréable, si vous permettez.
Oui. D'après le Coran et la tradition du prophète, il y a le pardon. Notre Dieu va pardonner, surtout lorsqu'un être croit à l'unicité de Dieu.

Le barzakh *a-t-il une grande importance au sein de l'islam ?*
Oui, notre prophète a parlé du *barzakh*, de cette vie entre la mort et le jour du jugement. Lorsque le mort a fait du bien dans cette vie et qu'il a suivi le chemin de notre Dieu et du prophète Mohamed, sa vie sous terre, dans ce *barzakh*, ressemble à celle qu'il vivra au paradis ; c'est une bénédiction d'Allah afin qu'il se prépare pour le paradis. Et pour l'autre, c'est le contraire, le *barzakh* est une sorte d'enfer où il se prépare pour le véritable enfer, avec ses sept niveaux.

Pourquoi le suicide est-il considéré comme un acte aussi grave ?
D'après l'islam, il y a deux objectifs. Le premier est de respecter l'être humain, dans sa propre vie ; c'est un droit ; l'être humain doit respecter son droit de vivre. Le deuxième objectif est de défendre ce droit, ce qui consiste aussi à défendre le droit de la famille, de la société,

de la nation, de l'humanité. Il faut vivre positivement, et c'est ce qui arrive quand on suit le chemin de l'islam.

Je crois que le suicide est le fruit du désespoir ; lorsque la foi n'existe pas, le manque de lumière pousse peut-être l'individu, partout, à faire le mal ; mais il n'y a pas que le suicide. L'avortement, par exemple, est une question ; la vie de ce bébé est une question, mais c'est une question illicite. L'islam interdit l'avortement ; donc, globalement, je dis que tout acte qui mettrait fin à la vie, sans cause, légitimement, est à rejeter.

Pensez-vous parfois à la mort ?
Bien sûr.

De quelle façon ?
Elle viendra un jour. Je quitterai cette vie parce que c'est ma conviction et ma croyance.

Est-ce que cela vous fait peur ?
Je crois que c'est une réalité qui fait peur à l'être humain... parce qu'il ne croit pas. Espérons dans le bon sens. Espérons que ça ira bien dans le paradis, espérons, avec tout le monde.

XI

Rites et croyances bouddhistes

ENTRETIEN AVEC LOUIS CORMIER

Bouddhiste pratiquant.

La méditation sur la mort est l'une des plus importantes pratiques pour inciter l'esprit à suivre la voie spirituelle. C'est en gardant constamment présente à notre conscience la pensée de la mort que notre vie prend de plus en plus de sens. Pour comprendre la vie nous devons l'envisager dans le contexte de l'impermanence et de la mort qui en est l'aboutissement naturel. Non, tout ne disparaît pas à notre mort, seuls le corps et les activités de cette vie prennent fin. Notre conscience, avec les instincts développés de notre vivant, poursuit son cours dans l'au-delà, le bardo, *puis dans le cycle de nos vie futures. Aussi, on ne saurait exagérer l'importance qu'il y a à cultiver l'amour, la compassion, la sagesse, la patience, la compréhension et les autres qualités spirituelles tant que nous sommes en vie. Faire naître en nous de telles vertus est ce que nous pouvons faire de plus utile.*

Elisabeth Kübler-Ross, préface de *Pour mieux vivre sa mort: anthologie tibétaine,* H. Glenn Mullin, Éditions Trismégiste, 1990.

SERGE BUREAU : *La méditation sur la mort est-elle à votre avis l'un des éléments clés du bouddhisme ?*
LOUIS CORMIER: Garder toujours l'idée de la mort dans son esprit est considéré comme un élément très important de la motivation à pratiquer ; mais il faut d'abord avoir une bonne compréhension du karma, de la loi de la cause et de l'effet.

Il ne suffit pas de penser quotidiennement qu'un jour on va mourir.
Non, c'est plus complexe. D'abord, le bouddhisme est une philosophie, ou une religion sans conception d'un dieu créateur. Le Bouddha a simplement mis de côté toute la question d'un dieu créateur qui nous sauverait de nos problèmes pour fixer toute son attention et toute son intelligence sur la condition humaine. Le bouddhisme enseigne que nous devons prendre nos responsabilités vis-à-vis de la personne que nous sommes devenue, grâce à nos actions dans cette vie et dans les vies antérieures.

Il y a aussi l'idée de l'existence cyclique que le bouddha appelait *samsâra*, c'est-à-dire que l'existence est quelque chose de répétitif. Lorsqu'on commence à faire de la méditation et qu'on fixe son attention sur la respiration, on devient très conscient qu'il y a beaucoup de vagabondage dans l'esprit ; mais si on médite sérieusement pendant des mois, pendant des années, on s'aperçoit qu'il y a dans notre psychologie certains schémas qui se répètent. Le bouddha dit que c'est là l'énergie que nous avons ramassée — donc le bagage d'une vie passée et de la vie présente —, et que cette énergie est la cause de notre façon d'être, de penser et de percevoir les choses aujourd'hui.

Ainsi, pour une personne bouddhiste, la méditation sur la mort donne encore plus de motivation à pratiquer, elle lui fait comprendre que nous sommes responsables, qu'il n'y a personne qui puisse nous sauver, sauf nous-mêmes. La mort nous dit alors que la vie est précieuse, qu'elle dure deux heures, deux ans, vingt, cent ou cent-vingt ans, peu importe, il y a une limite. Finalement, la méditation sur la mort, au lieu d'être une pensée morbide qui engendrerait beaucoup de négativité dans la personne, nous fait au contraire comprendre à quel point la vie est précieuse.

Quelles sont les origines du bouddhisme ?
Le Bouddha est né dans une famille de guerriers entre 660 et 480 avant Jésus-Christ. À cette époque le système social et religieux des Indes était le brahmanisme, avec ses castes : le premier niveau était celui des brahmanes, des prêtres ; le deuxième était celui des guerriers, les kshatriyas ; le troisième, celui des commerçants ; et ensuite venait celui des gens normaux, puis des gens qui nettoyaient les toilettes, etc.

Et Bouddha est arrivé comme un révolutionnaire...
Oui, mais son père voulait qu'il devienne le prochain chef de clan. Le Bouddha était un enfant assez sensible et très intelligent ; il questionnait tout, et comme il n'était jamais satisfait des réponses des autres, il voulait

trouver les réponses par lui-même. Il a été comme ça toute sa vie, jusqu'à sa mort, vers l'âge de quatre-vingts ans. Vers l'âge de trente-cinq ans, après son moment d'éveil, il a dit: «Une personne qui nettoie les toilettes est aussi capable de devenir un bouddha qu'une personne de la caste brahmane, ou de la caste des *kshatiyas*, ou de celle des commerçants.» Évidemment, beaucoup de gens ont été choqués par ces paroles; dans ce sens-là, on peut le dire révolutionnaire; pas un homme avec un fusil, bien sûr, mais avec des idées un peu différentes de celles des autres.

J'ai l'impression que le bouddhisme propose une sorte de mort idéale, celle que chacun espère, c'est-à-dire une mort dans la quiétude et dans la paix. Faut-il être bouddhiste, selon vous, pour accéder à cette mort douce et lumineuse?

Non. Mon maître, Géshé Khenrab, est mort au mois d'octobre 1993, et beaucoup de gens, de Montréal, de partout, et de différentes religions, sont venus le visiter, non pas parce qu'ils voulaient apprendre le bouddhisme, mais parce qu'ils avaient beaucoup de respect pour le Géshé, parce que, quand ils étaient avec cet homme, ils se sentaient en paix. Ainsi, même si le Géshé leur enseignait la méditation, il n'exigeait jamais qu'ils deviennent bouddhistes. J'ai des amis moines qui pratiquent la méditation bouddhique parce qu'ils aiment la discipline intérieure.

Des moines catholiques?

Oui, on peut intégrer les pratiques bouddhistes à sa propre tradition spirituelle.

Donc, vous croyez qu'il est possible pour un Occidental d'accéder aux grâces que propose le bouddhisme.
Ah oui, absolument, parce que le Bouddha a dit que l'outil principal de l'homme, au niveau spirituel, est son esprit.

Comment le processus de la mort est-il défini et expliqué par les bouddhistes?
Au moment de la mort, la personne accède à un profond niveau de méditation appelé *samâdhi*. Entièrement concentrée sur ce qui se passe dans son corps et dans son esprit, elle acquiert une grande paix intérieure et ne craint plus ce qui lui arrive. Il peut parfois surgir des images ou des pensées violentes, effrayantes, mais le bouddhisme tantrique enseigne qu'elles sont des projections de notre propre esprit, éveillé ou pas; les personnes qui font beaucoup de méditation peuvent donc rester conscientes de ce qui se passe au moment où l'esprit sort du corps, et peu importe ce qui arrive à ce moment, elles savent que ça ne vient pas du diable, ou d'un dieu, ou de je ne sais quoi; elles peuvent ainsi garder une certaine sérénité dans cette expérience. Et tout recommence au *bardo*.

Est-ce que la méditation bien maîtrisée pourrait même effacer la souffrance, ou permettre à la personne de l'oublier?

L'expérience de la mort, du *bardo* et de la prochaine naissance est tellement traumatisante qu'il est de toute façon impossible de se la rappeler. Toutefois, on peut faire aujourd'hui certaines méditations afin de se rappeler nos vies antérieures; personnellement, ça ne m'intéresse pas de savoir si j'ai été Napoléon ou qui que ce soit, mais c'est possible de le faire. Ce qui est important dans l'expérience de la mort, c'est d'être conscient du processus. Plutôt que de paniquer.

Malgré la souffrance ou la douleur?
Ça dépend encore une fois de la concentration. Si on maîtrise la méditation, si on se maîtrise par la méditation, la douleur n'est pas un problème. Pour les gens comme vous et moi, ce n'est pas la même chose! Je possède peut-être beaucoup de concentration, mais pas à ce point-là. Peut-être que je ne comprendrais pas exactement et que je paniquerais, ou commencerais à paniquer devant la douleur, ou peut-être aurais-je peur de ce qui m'arrive. Mais à ce moment-là, si vous avez de la chance, un maître ou un ami vous vient en aide. C'est justement de cela que parle *Le livre tibétain de la vie et de la mort*: comment aider la personne qui va mourir. Comme je l'ai dit, il faut lui rappeler que les choses dont elle a peur ne sont pas des éléments de l'extérieur qui viennent vers elle, mais bien des projections de son esprit; ce sont des images que nous projetons nous-mêmes, ce sont nos craintes, et c'est notre panique.

Il y a aussi au moment de la mort ce qu'on appelle l'illumination.

L'illumination, c'est aussi pendant la vie. Il existe dans le bouddhisme tantrique une pratique qui constitue une sorte de simulation de la mort ; c'est une discipline qui conduit la personne vers un grand éveil, une grande illumination. En fait, cette pratique nous prépare à la mort parce qu'elle nous permet, si elle est suffisamment maîtrisée, de saisir et de garder ce moment d'éveil et d'illumination au moment de mourir. Utiliser l'énergie positive de cette expérience nous permet de prendre naissance dans les meilleures conditions, d'avoir une meilleure existence, et d'être plus conscient.

Avez-vous déjà fait cette expérience d'illumination ?

Des moments d'illumination, tout le monde peut en avoir ; cela n'appartient pas aux bouddhistes, ni à Louis Cormier. Rappelez-vous certains moments de l'enfance où il nous semblait que nous faisions partie de l'existence, intégralement, et que nous n'étions pas seulement observateurs. C'étaient là des moments de grande clarté d'esprit. Quand on parle de l'éveil, c'est de moments semblables que l'on parle, multipliés par des centaines de milliers de milliards de fois.

Le bouddhisme insiste beaucoup sur les pratiques préparatoires à la mort. On parle entre autres du yoga des rêves...

Oui, parce que l'idéal, dans le bouddhisme tantrique, est d'être en méditation à tous les moments de la journée, vingt-quatre heures par jour, même pendant le sommeil.

Non seulement dans le bouddhisme tantrique, mais dans les autres traditions aussi, où la méditation s'est tellement approfondie que vous pouvez être éveillé pendant le sommeil, que vous atteignez des moments de conscience aussi élevés pendant le rêve que lorsque vous êtes réveillé. Cet éveil, cette volonté de devenir un bouddha soi-même, est un grand développement. Évidemment, les bénéfices de telles expériences font qu'au moment de la mort c'est notre esprit qui nous guide, et non pas nos émotions, notre psychologie, nos craintes, les opinions des autres, les pleurs des gens autour, etc.

Pleurer, être angoissé ou manifester ses craintes devant le mourant n'est pas très bien vu chez les bouddhistes?
Quand le Géshé Khenrab est décédé, en 1993, il y avait un groupe de moines tibétains auprès de lui. Si les gens voulaient pleurer, ils pouvaient le faire, mais devaient s'éloigner jusqu'à ce qu'ils prennent le contrôle de leurs émotions. On savait que le Géshé était en méditation parce que les moines touchaient sa poitrine et décelaient une source de chaleur. Les grands maîtres sont capables de poursuivre leur méditation, même après la mort, en concentrant leur esprit au niveau du cœur, il ne faut donc pas qu'ils soient dérangés par les gens qui pleurent. Une personne qui n'a pas l'expérience d'un grand maître aura beaucoup de difficulté à se concentrer sur le processus de sa mort si elle est entourée de gens qui pleurent. Ce n'est pas un rejet, de sa famille par exemple, on l'aime autant qu'avant, sinon plus; mais l'expérience de la mort fait partie de la vie, et dans le bouddhisme on le sait et

on l'accepte, on ne dit pas : « Ah, je ne vais pas mourir, etc., etc. » Il n'y a jamais eu de début à nos existences et il n'y aura jamais de fin ; il y a seulement des transformations de conditions.

On parle de la belle mort, mais comme on ne choisit pas la manière dont on va mourir, il existe aussi la mort violente, la mort tragique... Qu'est-ce qui arrive dans ces moment-là ? Le Géshé Khenrab disait que dans un accident, ou lorsque la personne meurt brusquement, l'esprit est tout de suite poussé dans le bardo. Il n'y a pas de période douce où l'esprit se concentre par exemple au niveau du cœur. À ce moment-là, il ne reste que le karma ; donc, si vous êtes une personne qui médite beaucoup, qui a beaucoup purifié sa façon négative de penser et de sentir, au niveau émotionnel ou psychologique, votre karma va tout naturellement vous pousser vers une naissance fortunée ou de meilleure condition ; tandis que pour une personne soumise à sa négativité, qui n'a jamais travaillé à transformer cette négativité en quelque chose de meilleur pour les autres et pour elle-même...

...ce sera encore pire ?
Oui. La personne pourrait se retrouver dans des situations encore pires. Certaines personnes pensent qu'on ne fait qu'évoluer vers quelque chose de particulier, de singulier. Dans le bouddhisme, on dit : « Non, l'existence est cyclique. Elle est cyclique tant et aussi longtemps qu'on ne se décide pas à couper le processus de répétition perpétuelle des mêmes stupidités. » Ainsi, une personne

qui a accumulé beaucoup de négativité sera projetée vers une naissance moins fortunée.

J'aimerais qu'on parle un peu des rites funéraires.
Dans la tradition tibétaine, au moment de la mort — si on a l'occasion d'être accompagné de moines ou de pratiquants bouddhistes — les gens font beaucoup de cérémonies de prières. Ce sont ces prières qu'on trouve dans *Le Livre tibétain de la vie et de la mort ;* elles ne sont pas simplement marmonnées, elles sont récitées dans la langue de la personne morte afin qu'elle comprenne bien ce qui se dit. Ces répétitions de prières sont très importantes, ce sont des conseils. Il est aussi très important de ne pas toucher au corps, surtout s'il s'agit d'un grand maître en train de méditer. Ensuite, conformément à notre tradition, ce sera la crémation du corps.

La crémation se fait-elle dans les heures qui suivent ou quelques jours plus tard ?
La crémation de Géshé Khenrab a eu lieu deux ou trois jours plus tard, mais aux Indes il peut s'écouler deux ou trois semaines avant que le corps ne soit incinéré. Si c'est la volonté de la personne, il arrive souvent ici que le corps soit exposé dans un salon funéraire ; mais ensuite, pour les bouddhistes, c'est toujours la crémation.

Certains écrits mentionnent que tout saint bouddhique est en théorie libre de choisir le moment de sa mort. Cela signifie-t-il que le suicide est bien vu par les bouddhistes ?
Le suicide est perçu comme un acte très négatif. Imaginez une personne qui prendrait une décision importante

sans avoir toutes les connaissances nécessaires; c'est la même chose pour le suicide. Contrairement à une personne éveillée qui, elle, est capable de choisir le moment de sa mort parce qu'elle connaît son karma et ce qui va lui arriver après. Le suicide devient un acte très négatif si on a l'idée fixe que la vie se limite à certaines choses désagréables qui nous arrivent et se reproduisent sans cesse. Finalement, si la personne ne sait pas, n'a pas la capacité de savoir ce qui va lui arriver après, c'est à déconseiller.

Comment expliquez-vous l'intérêt actuel pour le boud-dhisme en Occident, voire au Québec? Le Livre tibétain de la vie et de la mort *est même à la mode.*
D'abord, parce que le bouddhisme ne nous dit pas ce qu'il faut penser, ce qu'il faut croire; il nous explique plutôt que nous sommes responsables de ce qui nous arrive. J'ai moi-même connu un grand soulagement en sachant que c'était moi, et personne d'autre, qui avais causé tous les problèmes de ma vie. Un enfant dont les parents ont des problèmes d'alcool, ou des problèmes psychologiques, va être affecté, c'est certain; mais à partir du moment où nous pouvons prendre nos responsabilités, nous, en tant que bouddhistes, les prenons complètement. Toutes nos angoisses ne disparaissent pas, mais nous ne blâmons plus les parents, la société, le patron, notre blonde pour nos problèmes ou nos troubles, nous décidons de transformer cela par nous-mêmes.

Vous êtes bouddhiste depuis vingt-cinq ans; croyez-vous avoir apprivoisé la mort?

Disons que je n'ai pas peur de mourir. J'aimerais vraiment vivre encore un peu pour continuer à apprendre. Même si je savais que ma mort est proche, je voudrais apprendre encore, ici et dans les vies prochaines. Enfin, j'espère pouvoir encore apprendre, parce que l'éveil d'un bouddhiste n'arrive pas nécessairement dans une seule vie. À cause de cela, peut-être suis-je plus ou moins en paix avec moi-même, mais en même temps, ce qui compte vraiment, c'est que je veuille faire quelque chose de ma vie ; je veux continuer à méditer. Je sais aussi que la mort n'est pas mon ennemie ; je vais mourir, je ne sais pas quand, mais la mort n'est pas quelque chose que je dois craindre. À quoi sert la peur de la mort ?

XII

Les enfants et la mort

ENTRETIEN AVEC ANNE PLANTE

Infirmière consultante en intervention de situation de deuil et en soins palliatifs, chargée de cours à l'Université de Montréal et auteure de trois petits livres qui expliquent la mort aux enfants, publiés aux Éditions Paulines en 1992.

À 5 ans, elle me guettait le soir, elle rôdait sur le balcon, collait son mufle aux carreaux. Je la voyais mais je n'osais rien dire. Quai Voltaire, une fois nous la rencontrâmes. C'était une vieille dame grande et folle, vêtue de noir ; elle marmonna sur mon passage : « Cet enfant, je le mettrai dans ma poche. » À cette époque, j'avais rendez-vous toutes les nuits avec elle dans mon lit. Elle m'apparaissait, squelette très conformiste avec une faux. J'avais alors la permission de me retourner sur le côté droit ; elle s'en allait, je pouvais m'endormir tranquille. Les enterrements ne m'inquiétaient pas, ni les tombes.

Jean-Paul Sartre, *Les mots*, Gallimard/Folio, 1972.

SERGE BUREAU : *Ce texte de Sartre illustre bien comment la mort fait naturellement partie de l'imaginaire des enfants.*
ANNE PLANTE : C'est très présent dans leur vie. Les enfants aujourd'hui regardent beaucoup la télévision et chaque téléjournal montre plusieurs décès, et même si on

dit: «On n'a jamais parlé de la mort à la maison», c'est probablement faux. Les parents n'ont peut-être pas énoncé le sujet, mais dans les conversations anodines, informelles, qui font suite dans certains cas aux images des informations, il est souvent question de la mort.

Est-elle plus présente qu'auparavant?
C'est un peu paradoxal parce qu'elle est plus présente au niveau des informations et moins présente au niveau familial. Un décès amène beaucoup d'émotion et d'affectivité en termes de tendresse familiale, mais présentement on peut voir cent décès par année aux nouvelles de la télévision sans que les enfants sachent vraiment ce que la mort peut signifier au point de vue émotionnel.

Parle-t-on de la mort aux enfants à l'école?
Si un enfant malade s'absente souvent, cela incite le professeur, le psychologue, la travailleuse sociale à faire des interventions auprès de la classe. «Pourquoi Jean-Marc est-il toujours malade? Pourquoi n'est-il pas à l'école? Qu'est-ce qu'on peut en penser?» Puis quand on apprend que Jean-Marc va mourir, on en parle de façon très différente.

La mort est-elle une préoccupation pour les enfants?
Un enfant sur vingt a perdu un parent avant l'âge de quinze ans. C'est quand même beaucoup. Tous les enfants vivent des divorces; si ce n'est pas dans leur famille, c'est dans celle de leurs voisins; c'est un déchirement familial qui ressemble un peu à la mort. Ils sont

attentifs à d'autres sortes de pertes, donc à la mort. Si un de leurs voisins ou un ami vit une mort dans sa famille, à la suite d'un accident ou d'une maladie, ils s'y intéressent et posent des questions: «Qu'est-ce qui se passe chez vous? Est-ce que ta mère t'en parle? Comment vis-tu cela? Pourquoi ton grand-père est-il mort?» S'ils sont plus jeunes, ils posent des questions très symboliques: «Ton grand-père a-t-il amené des couvertures dans sa tombe?» Quand on part ailleurs, on continue à avoir des besoins, et pour l'enfant, tout le monde a les mêmes besoins que lui. S'il a besoin de nourriture, de couvertures et de jouets, il présume que grand-papa a aussi besoin de toutes ces choses.

Les parents refusent-ils ces préoccupations des enfants?
Non, je crois qu'ils les accueillent la plupart du temps, sauf que dans certaines circonstances le comportement des parents amène des problèmes. Lorsque l'enfant est en deuil, qu'il a perdu son grand-père ou son oncle, les parents sont également en deuil, et ils ressentent cette situation comme menaçante. Comme ils ne veulent pas communiquer leur peine à l'enfant, ils ont l'impression que plus ils lui cachent la situation, plus ils le protègent. Mais on ne cache jamais rien aux enfants, ils lisent plus à travers notre visage, notre respiration et nos émotions qu'à travers les mots qu'on peut leur dire. Même si on dit: «C'est très bien, grand-papa était malade, c'était mieux qu'il meure; on n'en parle plus, c'est mieux ainsi...», l'enfant sait bien que ce n'est pas ce qu'on ressent. Il comprend qu'on ne veut pas en parler et que c'est

un sujet qui ne lui est pas ouvert, pourtant il a probablement besoin d'en parler, de savoir comment s'organiser,
lui, avec sa peine ; l'enfant, normalement, n'aurait pas à
se soucier de la peine d'un adulte. Il arrive souvent que
des parents qui viennent accompagner une personne
mourante pendant une période assez longue nous disent :
« J'ai un bébé de six mois à la maison ; c'est très difficile
de s'organiser pour le gardiennage ». Et on va leur poser
des questions du genre :

« Lui parlez-vous de votre mère qui est malade et
mourante ?

— Bien sûr que non, il a six mois !

— Avez-vous remarqué des changements chez lui
depuis que vous venez à l'hôpital ?

— Ah oui ! Il pleure souvent, il a des coliques, il se
réveille la nuit.

— Dites-lui ce que vous vivez : vous avez de la peine,
c'est difficile parce que grand-maman s'en va ; mais dites-
lui que vous l'aimez toujours autant et que vous allez
vivre cette peine avec lui, qu'il va avoir toute l'affection
dont il a besoin et que vous allez lui parler des souvenirs
que vous laisse grand-maman. »

Deux ou trois jours plus tard les parents sont tout
étonnés de constater que l'enfant dort mieux. C'est
d'abord parce que la mère a libéré beaucoup d'émotions
et qu'elle a été capable de partager sa peine, pas nécessairement comme elle l'aurait fait avec un adulte, mais elle
a laissé passer plusieurs messages ; puis c'est parce que
l'enfant s'est fait dire qu'il continuerait à avoir les mêmes
soins et qu'on ne l'abandonnerait pas. C'est un premier

geste à poser. Cela libère toute la relation parent-enfant en termes de confiance ; il n'y a pas de mensonge.

Un deuxième concept, c'est la capacité de se souvenir de cette personne disparue, de savoir qui elle était, de la regarder sur des photos, de voir des choses qui lui appartenaient dans la maison. « Quand grand-papa venait, il nous parlait toujours de la ferme qu'il avait quand il était jeune ; il nous racontait qu'il avait vécu la guerre... Grand-papa adorait les fleurs ; il aimait tellement aller au Jardin botanique au printemps. » Il faut en parler ouvertement pour que l'enfant sache que dans la maison, n'importe quand, que ce soit deux ou trois ans plus tard, il peut s'exprimer librement et dire des choses comme : « Je suis sûr que grand-papa pense à moi aujourd'hui. » Il ne faut pas lui dire : « On n'en parle plus ! »

Le deuil se vit de façon très différente chez les parents et les enfants. Les adultes vivent souvent leur deuil en mots ; ils expriment leurs émotions avec des paroles, tandis que les enfants les expriment avec des gestes. Ils dorment moins bien, ils recommencent à faire pipi au lit, ils sont angoissés, ils font des cauchemars, ils deviennent agressifs avec leurs amis ; ils vivent leur peine en termes d'actions plutôt qu'en termes de mots car l'extériorisation verbale est difficile pour eux.

Il y a une tendance à éloigner les enfants de la mort. On leur refuse l'entrée à l'hôpital, ou encore les parents ne veulent pas qu'ils aillent au salon funéraire et aux enterrements. Cette tendance est-elle en régression ou au contraire de plus en plus présente ?

On est dans une période de questionnement où les parents, au lieu d'émettre des règlements stricts du genre : « Mon enfant ne peut pas venir au salon mortuaire » ou « je ne veux pas qu'il vienne à l'hôpital », nous demandent plutôt conseil : « J'ai un enfant de trois ans et demi, pensez-vous que ce serait une bonne chose qu'il vienne voir mon père ? Il aimerait revoir mon fils... »

Il y a eu une période de restrictions, à partir des années 1950, où on était dans un monde de beauté, où tout devait être beau, jeune et gentil ; on éloignait la mort parce qu'elle faisait échec à la perfection dans le monde. Aujourd'hui il y a un tout autre courant. Dans les milieux hospitaliers, les parents se renseignent auprès du personnel soignant et on les amène à se questionner en leur demandant comment ils se sentiraient de refuser à l'enfant une dernière visite à son grand-père ; et on les laisse prendre eux-mêmes leur décision :

— « Vous sentez-vous à l'aise de l'emmener ? Est-ce que vous aimeriez faire ce dernier plaisir à votre père, lui offrir ce dernier baiser de son petit-fils ?

— Oui, mais j'ai peur qu'il reste traumatisé. » Alors on en discute avec eux.

Il y a des enfants très silencieux, renfermés. À ce moment-là, faut-il provoquer la discussion avec l'enfant impliqué dans un processus de deuil ou attendre ses questions ?
Les forcer, non, je crois qu'on ne doit jamais le faire, mais il faut être ouvert et observateur : « Cet enfant fait-il des dessins différents, présentement ? Est-ce qu'il joue à des jeux qui ne l'intéressaient pas auparavant ? S'éloi-

gne-t-il de ses amis ou s'en rapproche-t-il? Demande-
t-il à ne pas rester seul avant de s'endormir? Y a-t-il chez
lui des comportements qui ont changé, des signes évi-
dents de sa peine?» Il faut l'observer attentivement, il
faut être capable de réagir comme lui, avec des gestes
plutôt qu'avec des mots. On peut lui lire une histoire, lui
chanter une chanson, lui raconter des faits concernant la
personne qu'il a perdue.

*Il faut peut-être aussi lui laisser une espèce de liberté dans
son imaginaire, s'il lui arrive de se retirer dans son monde,
par exemple...*
Oui, il faut lui faire sentir que nous sommes ouverts à
quoi que ce soit, et il va poser ses questions à son
rythme, à sa façon. J'ai cet exemple d'un garçon de huit
ans qui s'ennuie beaucoup de sa sœur décédée, mais qui
n'en parle jamais; un jour il prend la photo de sa petite
sœur et la met sous son oreiller. C'est assez significatif...
La mère peut très bien, à ce moment-là, regarder la
photo et dire à l'enfant: «On s'ennuie de Martine, n'est-
ce pas?»

Il arrive aussi qu'une personne, qui a par exemple
perdu sa mère à l'âge de quatre ou cinq ans, va nous
raconter qu'à un certain moment, une tante peut-être lui
a dit: «Si un jour tu veux parler de ta mère, viens me
voir. J'étais très proche d'elle et j'aimerais t'en parler
quand tu seras prêt.» Cette personne peut ne pas vouloir
en parler pendant dix ou quinze ans, mais souvent, un
jour, elle retournera voir sa tante pour entendre parler de
sa mère.

Comment se comportent les enfants lorsqu'ils sont eux-mêmes en train de mourir? Sont-ils écoutés, sont-ils entendus?

Oui... Je crois que la plupart du temps ils sont écoutés, dans la mesure où la médecine nous permet de les écouter. Vous savez, il y a des enfants malades qui reçoivent des traitements très agressifs afin de les sauver, ce qui est très bien, mais ce sont des enfants, et ils acceptent souvent mal la rationalité et la douleur de ces traitements; c'est normal... Comme ils n'aiment pas recevoir des piqûres, ils demandent souvent qu'on arrête les traitements. Je ne suis pas sûre qu'on doive les écouter dans ces cas-là. On essaie de les aider, on joue avec eux, on utilise toutes sortes de techniques pour leur faire accepter le traitement. Par contre, s'ils ont de la peine, s'ils nous en parlent, on les écoute, on les console, on les aide à composer avec leur maladie. Les moyens théoriques que nous donnent les livres ont leur utilité, mais les moyens que nous donnent les enfants sont beaucoup plus valables. C'est pour cela qu'il faut s'asseoir avec eux, jouer avec eux et les écouter.

On dit que la vérité est un des meilleurs outils pour apprivoiser la mort. Existe-t-il différentes vérités selon les enfants auxquels on s'adresse? Il n'y a sans doute pas qu'une vérité pour tous les enfants.

Tout dépend des croyances des parents. Si l'enfant demande: «Où est grand-père?» et que nous ne croyons pas à une vie après la mort, à la vie éternelle, la vérité pour nous est que grand-père n'est nulle part. Il n'existait pas avant de naître et n'existe plus maintenant. Seul son souvenir subsiste. La croyance des parents représente leur vérité. Je me souviens d'une conversation avec un patient se disant athée. Il me confiait que son fils de six ans lui demandait où il allait : « Ma mère lui dit que je vais au ciel, mais je ne crois pas au ciel. » Je lui ai demandé :

— Où croyez-vous aller ?

— Je crois que je vais nulle part. Je suis un physicien, et en tant que scientifique, je doute, je cherche. Je ne suis pas contre ce qu'elle dit, mais je ne suis pas sûr.

— L'important, lui ai-je dit, c'est que le lien de confiance entre votre fils et vous demeure. Vous direz à votre enfant exactement ce que vous pensez.

Et le petit garçon de six ans nous a ensuite très bien expliqué la situation : « Grand-maman m'a dit que papa serait au ciel, et au cimetière, si je voulais aller le voir. Papa m'a dit qu'il n'en était pas sûr. Alors moi j'attends, et un jour je verrai. »

Les enfants peuvent-ils se sortir d'une manière naturelle des traumatismes provoqués par des morts ?
Je pense que c'est une expérience de vie qu'on ne doit pas considérer de façon négative. C'est triste ; on peut peut-être dire que c'est difficile à vivre, mais je n'oserais pas dire que c'est dommageable. C'est une expérience qui n'est pas souhaitable, mais qui est présente dans beaucoup de vies d'enfants. Les études sur le sujet font ressortir que les enfants ayant vécu des expériences de deuil avant l'âge de dix ou onze ans, quatorze ans pour certains auteurs, ne sont pas traumatisés par le fait de

perdre quelqu'un, mais par la façon dont cette expérience est vécue.

Si l'enfant perd quelqu'un qu'il aime beaucoup et qu'on l'aide à vivre cette situation, qu'on le rassure, il s'en sort très bien. Il faut lui expliquer : « Papa est parti, il est décédé, il ne pouvait plus vivre. Papa ne t'a pas abandonné, il voulait rester mais il n'était plus capable, et maman est là avec toi. Il y a beaucoup d'autres personnes pour te protéger ; la routine de la maison va être relativement la même, tu vas continuer à suivre tes cours de natation. Les baisers dans le cou que te donnait papa vont te manquer, c'est sûr, mais on va essayer de les remplacer par autre chose ; dis-le-moi s'il te manque quelque chose. » Si son petit frère meurt, il faut lui dire qu'on ne va pas oublier l'héritage que nous laisse celui qu'il aimait tant et avec qui il jouait ; on ne le cachera pas, au contraire on va l'amplifier. Ça fait toute la différence du monde.

Il y a aussi des enfants qui se suicident... Connaît-on réellement les causes ? Y a-t-il des explications ? Et comment le suicide est-il perçu chez l'enfant ? Est-il vraiment conscient qu'il ne reviendra plus jamais ?

On en est encore à l'heure des questions. Pourquoi y a-t-il tant d'enfants qui tentent de se suicider ? On est dans une société où on vit énormément de stress et où les deuils ne sont peut-être pas toujours assumés de façon harmonieuse. C'est difficile de comprendre pourquoi des jeunes en bonne santé physique attentent à leur vie. C'est tellement angoissant pour notre monde, pour notre stabilité d'adulte qu'on n'ose même pas en parler, même pas y penser.

C'est pourtant une réalité importante.
C'est une réalité. Il y a aussi des personnes qui décident d'en parler et de poser des questions. D'après les études sur des adolescents ayant attenté à leur vie (parce que le taux de suicide chez les moins de dix ans est très bas), la majorité d'entre eux avaient vécu difficilement de nombreux déchirements, pas nécessairement tous reliés à la mort, mais des pertes importantes. Les gens nous disent, par exemple : « Rémi a vécu difficilement un déménagement à quatre ans ; à cinq ans, il a subi le divorce de ses parents ; à six ans, un professeur qu'il aimait beaucoup est parti. »

C'est l'accumulation.
C'est souvent l'accumulation mais aussi le manque de modèle pour apprendre à réagir à la perte, le manque de compréhension, d'aide et d'amour. Notre monde de consommation et de beauté fait qu'on ne vit plus de deuil. Avant les années 1950, la vie était plus dure, on devait se battre pour assurer sa subsistance. Aujourd'hui on se débat peut-être plus pour une survie émotive que pour une survie matérielle.

Il y a une autre réalité dont on parle peu, c'est l'acharnement thérapeutique chez les enfants. Les parents sont évidemment en cause. Je ne fais pas partie du milieu médical, mais j'imagine qu'il est plus facile d'exercer un acharnement thérapeutique sur un enfant n'ayant pas tous les moyens de réclamer une mort douce et de dire qu'il veut mourir dans la dignité.

Il faut faire la part des choses. Le corps médical a dès le départ des responsabilités. Si on écoutait les enfants, on ne traiterait pas la moindre grippe. Ils ne veulent ni des sirops, ni des pilules, ni des piqûres, c'est évident... et encore moins coucher à l'hôpital avec tous ces étrangers. Le personnel médical doit donc prendre la décision de traiter; mais où doit-il arrêter le traitement? C'est une autre question. Le jour où l'enfant dit: «Je ne veux plus», comment détecter que cette phrase n'est pas dite de la même façon qu'hier lorsqu'il disait: «Non, je ne veux pas de piqûre!» Il faut être à l'affût de tout ce que nous montre l'enfant dans son corps, dans ses gestes, dans ses yeux.

Parce que le moment venu, l'enfant sait, tout comme l'adulte, qu'il va mourir.

Il le sait très bien et il le dit la plupart du temps à certaines personnes de confiance. Il faut comprendre et ne pas juger l'attitude des parents. Lorsqu'on leur dit: «On va traiter votre enfant et on a un très haut taux de chances de guérison», ils acceptent évidemment. Puis à un moment, lorsque les chances de guérison diminuent, ils souhaitent tout de même qu'on continue.

Dans les années qui viennent, la médecine deviendra plus holistique, plus globale, et fera mieux la part des choses entre ce que l'enfant nous demande, ce qu'il nous révèle dans son corps et ce que dégagent les parents. Au départ les parents disent : « Je veux que mon enfant guérisse », puis à un moment ils ajoutent : « Croyez-vous vraiment en ce dernier traitement ? » C'est pour nous le signal qu'ils doutent et que si on les aide, ils seront peut-être prêts à prendre leur enfant dans leurs bras, à le bercer, à l'embrasser, pour mourir avec lui, dans un certain sens, et revivre après.

Tout cela n'est pas facile, car en général les adultes refusent catégoriquement la mort d'un enfant. C'est le drame le plus terrible, le plus souffrant, le plus injuste, selon les parents. C'est un peu la mort à l'envers. Il est dans l'ordre des choses que les adultes meurent avant leurs descendants. Le fait qu'un enfant décède avant ses parents provoque chez eux tout un drame de culpabilité et de refus. Que ce soit à cause de la famine ou de la maladie, c'est un non-sens qu'un enfant parte avant ses parents ; pour un adulte, c'est inacceptable.

D'un autre côté, quand on a un enfant malade, cela nous rapproche des valeurs fondamentales de tout être humain. Lorsqu'on prend son enfant dans ses bras et qu'il demande : « Maman, est-ce que tu me pardonnerais si je mourais ? », la question amène une tout autre façon de penser. La mère se laisse vibrer et répond : « J'aurais beaucoup de difficulté, mais je pardonne tout à mon enfant chéri. »

Ne doit-on pas, dans un certain sens, tenter de retrouver son âme d'enfant pour mieux vivre la mort dans toutes ses dimensions ?

Ce qui vient nous chercher le plus dans la mort des enfants, c'est peut-être justement le fait de retrouver l'enfant en soi, et on a peur d'avoir de la peine, et d'en causer, comme en a l'enfant en soi. La meilleure façon d'atténuer la peine, c'est de donner la main à l'enfant et d'ouvrir son cœur pour vivre ensemble cette expérience. Une expérience difficile à vivre certes, mais très enrichissante. Ce que je dis n'est pas du tout péjoratif, ce ne sont pas des expériences qu'on souhaite vivre, mais lorsqu'elles nous sont imposées, elles peuvent être pleines d'amour. J'ai vécu une multitude de cas qui dans mon cœur sont tous restés très spéciaux.

Par exemple, la petite Josée est décédée en étant très lucide et en disant à ses parents : « Ç'a été difficile pour vous d'avoir une enfant atteinte de fibrose kystique ; ça vous a donné beaucoup de travail. Si vous aviez à choisir un autre enfant, comment le prendriez-vous ? » Comme l'auraient fait tous les parents, ils ont répondu : « Dans le monde entier, nous choisirions notre Josée à nous. Tu as été la plus merveilleuse enfant du monde », puis ils lui ont renvoyé la question :

— Nous, comme parents, avons souvent manqué de patience ; ça n'a pas été facile non plus pour toi. Est-ce que tu nous pardonnes d'avoir manqué de patience, d'avoir été quelquefois des parents difficiles ?

— Tu sais papa, tu sais maman, dans le monde entier, c'est vous que je choisirais ; vous avez été les meilleurs parents du monde.

Les enfants sont prêts à nous donner tous ces messages de vie parce que les conventions sociales et la bienséance n'appartiennent pas à leur monde. Ils sont prêts à nous embrasser, à nous raconter des histoires, à nous livrer leur message à eux, et si nous sommes prêts à les écouter, nous pouvons vivre des expériences extrêmement riches.

XIII

Les soins palliatifs

ENTRETIEN AVEC DENIS SAVARD

Professeur retraité de sciences religieuses à l'Université du Québec à Montréal.

En effet, par comparaison sa mort a été douce. Ne me laissez pas livrer aux bêtes. Je pensais à tous ceux qui ne peuvent adresser cet appel à personne. Quelle angoisse de se sentir une chose sans défense, tout entière à la merci de médecins indifférents et d'infirmières surmenées. Pas de main sur le front quand la terreur les prend, pas de calmants dès que la douleur les tenaille, pas de babillage menteur pour combler le silence du néant. Il y a encore aujourd'hui (pourquoi?), d'horribles agonies. J'imaginais maman aveuglée pendant des heures par ce noir soleil que nul ne peut regarder en face, l'épouvante de ses yeux écarquillés aux pupilles dilatées. Elle a eu une mort très douce, une mort de privilégiée.

Simone de Beauvoir, *Une mort très douce*, Gallimard/Folio, 1991.

SERGE BUREAU : *Denis Savard, une mort douce, est-ce possible ?*

DENIS SAVARD : Ce n'est pas la règle, mais il y a des gens qui partent plus calmement que d'autres, peut-être la moitié, ou 40 %, partent assez calmement.

Sauf qu'on a l'impression qu'il y a toujours un passage difficile, une acceptation qui ne se fait pas d'emblée.

Elle a pu se faire plusieurs semaines ou plusieurs mois auparavant, c'est un long processus; le choc survient souvent au moment où la personne apprend qu'elle est atteinte d'une maladie fatale. C'est d'ailleurs une des choses que certains déplorent; les unités de soins palliatifs s'occupent des gens pendant leurs trois ou quatre dernières semaines de vie, mais au moment de l'annonce du diagnostic, il y a peu de choses mises en branle pour aider les personnes, ou pour commencer à les aider.

Les soins palliatifs devraient donc, en principe, entrer en action dès le moment où l'on annonce à quelqu'un qu'il va mourir?

Il y a peu de communication entre ceux qui travaillent à l'unité de soins palliatifs et ceux qui sont là, lors de l'annonce du diagnostic. Néanmoins, de plus en plus de gens commencent à se préoccuper des malades au stade de l'annonce du diagnostic, mais ce n'est pas encore la règle; pour l'instant, on se concentre surtout sur la dernière période. L'unité des soins palliatifs est une création assez récente et les gens ne peuvent pas tout faire. En fait, c'est la réaction de gens qui, après avoir été personnellement témoins de la mort difficile de certains de leurs proches, ont acquis une puissante et profonde motivation à changer les choses. C'est souvent de cette manière qu'on change les choses dans ce monde. Ce sont des pionniers, des pionnières souvent, qui à bout de bras ont réussi à implanter une idée nouvelle; parce que créer un nouveau service dans un hôpital, cela ne va pas de soi !

J'ai malgré tout l'impression que les soins palliatifs demeurent le privilège de quelques-uns.
Selon un article paru récemment, à peine 5 % des gens vivent leurs derniers moments dans ces unités. Il y a bien sûr ceux qui ne veulent pas y aller ; mais il est certain que cela représente beaucoup de soins, de services et de frais pour peu de personnes, alors que dans le département ou le corridor d'à côté, plusieurs malades auraient aussi besoin qu'on s'occupe d'eux de plus près ; c'est un des reproches qu'on fait parfois aux responsables des services de soins palliatifs.

Pourquoi en sommes-nous arrivés à revendiquer des unités de soins palliatifs pour avoir une mort digne et douce ?
Des gens ont été témoins de choses qu'ils ont trouvées inacceptables. Ils ont vu des malades mourir complètement seuls, abandonnés, quasiment rejetés. On n'osait pas les approcher ni leur parler. Souvent même les soins physiques qu'on leur donnait n'étaient pas ce qu'ils auraient dû être, justement à cause de cette peur de la mort imminente.

Trouve-t-on plusieurs définitions des soins palliatifs ?
À peu de chose près, la même philosophie prévaut dans l'ensemble des établissements qui se réclament de ce mouvement — qui n'est d'ailleurs pas très vieux ; il a commencé en Angleterre en 1967, donc il y a un peu

plus de vingt-cinq ans. Suivant cette philosophie, lorsque la médecine curative ne peut plus guérir, il y a quand même beaucoup de choses qu'un autre type de médecine, dite palliative, peut faire. On s'inspire toujours des écrits de Mme Sanders, la fondatrice de la maison mère, le St. Christopher's Hospice, près de Londres : on s'occupe de la personne d'abord physiquement, on essaie de l'installer confortablement, de soulager sa souffrance, ses douleurs physiques, et à ce niveau on a développé une expertise qu'on n'avait pas. Encore aujourd'hui, ceux qui connaissent bien la façon de soulager la souffrance physique des grands malades disent que souvent leurs confrères, travaillant dans d'autres départements, ne la connaissent pas. Donc, on s'occupe d'abord de la douleur physique et ensuite on peut s'occuper d'autre chose.

Réagit-on mal dans les milieux hospitaliers lorsqu'il est question d'implanter les unités de soins palliatifs ?
Les fondateurs des unités de soins palliatifs seraient mieux placés que moi pour vous le dire, mais il est sûr que cela ne va jamais de soi ! « Souvent, nous disent-ils, nous sommes perçus comme des gens un peu bizarres ! Ce n'est pas très normal de vouloir passer sa vie à pratiquer ce type de médecine, ou ce type de soins infirmiers, parce que la fonction de l'hôpital, selon tous ceux qui y travaillent, c'est de guérir ! »

Doit-on essayer, dans la mesure du possible, de répandre au maximum ces unités de soins dans les hôpitaux et à l'exté-

rieur? Parce qu'il n'y a pas que dans les hôpitaux que ça se fait.

Non. Il y a aussi des équipes volantes de consultation palliative. C'est un modèle, avec ses avantages et ses inconvénients, qui existe dans plusieurs endroits. Il y a aussi des maisons d'hébergement, la première ayant été la Maison Michel Sarrazin à Québec. Il y en a une autre au sud de Montréal, la Maison Victor-Gadbois de la Montérégie, et quelques autres en province. Il y a également des services de soins à domicile et les CLSC. Ce réseau est complété par des centres de bénévolat qui dispensent aussi ce genre de soins.

Ces soins ne se situent-ils pas à l'opposé des revendications pour l'euthanasie?

Le discours officiel des milieux palliatifs est de dire: « Nous n'avons pas de demandes d'euthanasie. »

On n'a pas de demandes parce qu'on ne veut pas les entendre!

On n'a pas de demandes peut-être parce qu'on ne veut pas, ou qu'on ne peut pas les entendre! Mais des praticiens en soins palliatifs, des vieux de la vieille, commencent à dire que ce n'est pas vrai, et que même si la douleur physique est soulagée, certains malades trouvent que c'est très long; ils considèrent que le voyage est terminé, et souhaiteraient y mettre fin!

Il semble y avoir un danger lorsqu'on parle de soins palliatifs. On privilégie en quelque sorte un modèle particulier de bonne mort ; ces soins sont souvent nourris d'une philosophie spirituelle, voire chrétienne. On veut à la fois soulager les maux physiques, réconforter les cœurs... et même ouvrir le chemin vers Dieu ! C'est un danger de cadrer la mort...

Les personnes les moins clairvoyantes qui font ce métier tombent parfois dans le piège de la promotion d'un type de mort douce et sereine, qui ne correspond pas toujours à la réalité. S'enfermer dans cette image d'un modèle unique de mort est un des pièges qui menacent le mouvement palliatif. Les gens qui se sont battus pour créer une nouvelle réponse à un besoin social évident sont très fiers de ce qu'ils ont réussi à faire, et avec raison, mais il y en a parmi eux qui n'acceptent pas facilement le regard critique sur leur réalisation. Il y a des milieux palliatifs qui souffrent d'un narcissisme institutionnel un peu trop poussé et dont les membres se considèrent comme des êtres extraordinaires, des héros des temps modernes qui affrontent la mort et l'ont apprivoisée. Tout cela ne résiste pas à un regard plus réaliste ; il est faux de croire que les choses se passent toujours parfaitement.

Aurait-on intérêt à décloisonner les soins palliatifs, non pas pour en faire justement des unités spéciales, mais un service accessible à quiconque devient un jour mourant dans un hôpital ? C'est quand même curieux qu'il y ait un endroit spécifique pour mourir et qu'ailleurs on meure moins bien.

Les promoteurs les plus sérieux, les plus visionnaires disent : « Idéalement, les unités de soins palliatifs devraient ne plus avoir besoin d'exister, c'est-à-dire que la philosophie palliative devrait s'étendre à tous les départements de l'hôpital.» C'est une vue de l'esprit! Dans la réalité, ce n'est pas aussi simple, pas aussi facile... Il y a des résistances, des tensions! Il y a plusieurs façons de voir les soins médicaux et infirmiers, mais c'est sûr que vu de l'extérieur, douze ou quinze lits pour bien mourir dans un hôpital, ce n'est pas beaucoup.

Les soins palliatifs ont-ils une place importante à l'intérieur des facultés de médecine?
Dans le baccalauréat en soins infirmiers, il y a un cours de quarante-cinq heures sur la mort. Les médecins en ont moins; ils en ont plus qu'avant, mais encore très peu.

Lorsqu'on parle de soins palliatifs, on parle aussi de travail d'accompagnement ou de soutien, donc de bénévolat, palier très important dans l'ensemble. Dans ce contexte, peut-on arriver à des résultats satisfaisants uniquement par la bonne volonté?
C'est dangereux de ne se fier qu'à la bonne volonté, dans ce domaine comme dans bien d'autres activités humaines. Oui, il faut évidemment avoir de la bonne volonté pour faire ce genre de travail, mais il est essentiel aussi d'avoir de la formation. Si les milieux de soins palliatifs ne s'occupent pas sérieusement de la formation de leur personnel salarié et bénévole, il y a un risque de sclérose, de mauvais développement.

Que font exactement les bénévoles? C'est bien beau d'accompagner, mais encore?
Cela varie. Il y a des milieux où ils assistent les infirmières jusque dans les soins physiques, comme donner les bains, etc. Dans d'autres milieux, ils ne s'occupent pas de soins physiques; ils apportent plutôt un soutien moral. Ces gens ont du temps et sont prêts à écouter ou à parler. Mais les malades, surtout ceux qui sont entourés, n'ont pas toujours le goût de voir défiler dans leur chambre des bénévoles ou des inconnus. Lorsqu'un membre d'une famille nombreuse se retrouve à l'hôpital, c'est évidemment plus facile. La famille et les amis peuvent prendre la relève, chacun à son tour; tout le fardeau de cette difficile épreuve ne repose pas sur les épaules d'une ou deux personnes. Les gens moins bien entourés apprécient cependant la présence des bénévoles.

On parle beaucoup d'apprivoiser la mort en soins palliatifs. Qu'est-ce que cela signifie?
On est peut-être capable d'apprivoiser l'idée de la mort, ou encore la mort des autres, ou le fait de travailler auprès de gens qui sont confrontés à leur mort... Mais la mort demeure toujours une réalité étrangère, parce que ce n'est pas nous qui partons; il y a une part de mystère qui demeure toujours.

On a effectivement beaucoup abusé de l'expression «apprivoiser la mort». La mort est une bête sauvage qui ne se laisse jamais apprivoiser! Personne ne peut dire comment il réagira quand son tour sera venu. Je trouve que les gens les plus sages sont ceux qui travaillent auprès des mourants depuis douze ou quinze ans et qui disent: «Je n'ai aucune idée de la façon dont je réagirai quand viendra mon tour!»

Cela vous semble-t-il normal de travailler activement auprès des mourants?
Ce n'est sûrement pas comme un autre travail: vendre des fleurs ou fabriquer des voitures. Je me plais à dire que la mort est comme le soleil: elle peut réchauffer, mais elle peut brûler. Des gens ont appris à leur dépens que s'ils ne l'abordaient pas avec précaution, ils pouvaient s'y brûler. Les résultats de plusieurs recherches ont établi qu'il y a des dangers. Si vous travaillez dans un service de soins palliatifs et que les choses se passent bien dans votre vie personnelle, que vous êtes dans une bonne période, ça se prend plus facilement; mais si dans votre vie il y a des ruptures, des déchirements, des morts ou des difficultés majeures, ce travail devient plus difficile. Il faut beaucoup d'hygiène et parfois savoir se retirer. Quand je travaillais à l'hôpital Notre-Dame, il est arrivé à plusieurs reprises que des bénévoles ou des membres du personnel ayant vécu eux-mêmes une situation difficile, une mort par exemple, ressentent le besoin de se retirer. Il y a un seuil qu'il ne faut pas franchir. Et c'est ça le sens du tabou de la mort! On en dit beaucoup de mal, et je commence à défendre le tabou de la mort! Mais le tabou est comme une indication sur une route vous avertissant qu'au-delà de telle ligne, vous entrez dans un monde dangereux. La mort est une réalité qui peut enrichir, approfondir la vie, mais si on l'approche

sans précaution et de façon non intelligente, elle peut vous avoir !

Croyez-vous que les soins palliatifs auront tendance à diminuer dans le contexte politique et économique actuel ?
Le mouvement des soins palliatifs est un peu le fer de lance d'un mouvement social beaucoup plus vaste, un mouvement de prise de conscience, ou de refus, du tabou de la mort. C'est le mouvement thanatologique qui a voulu réhabiliter la mort et dire qu'il ne faut pas vivre comme si on n'allait pas mourir. La vie même perd quelque chose quand on la vit comme si elle ne devait pas se terminer.

Les soins palliatifs ont été créés il y a plus de 25 ans en Angleterre, environ quinze ans au Québec, au moment où le cancer était la maladie qui faisait le plus de ravages, mais aujourd'hui d'autres fléaux commencent à nous faire peur : le sida, la maladie d'Alzheimer, le taux de suicide devenu alarmant. Quand on pense que le Québec, avec son taux de natalité très bas, a le taux de suicide le plus élevé au monde chez les jeunes, on a intérêt à se poser des questions. Il n'y a pas seulement les soins palliatifs, les soins aux malades atteints de cancer qui comptent, il y a aussi la réalité sociale massive du sida et de bien d'autres maladies et difficultés dont il faut également s'occuper. Alors, pour répondre à votre question, à savoir si oui ou non les soins palliatifs vont diminuer, on devra d'abord regarder cette réalité par rapport à l'ensemble des réalités du monde de la santé, et décider si on a les moyens. Selon les convaincus, il y aura toujours des gens qui se battront pour que des lieux comme ceux-là existent.

Quelles questions vous posez-vous par rapport à l'avenir de ces soins ?
J'espère que les soins palliatifs éviteront le piège de la ghettoïsation de leurs services et que les responsables seront capables d'autocritique. Le danger, c'est l'enfermement, la complaisance, le narcissisme institutionnel. L'espoir, ou le mythe, c'est que l'esprit qui anime les soins palliatifs se répande, touche, colore davantage l'ensemble des institutions et qu'on ait moins besoin de ces services spécialisés.

Que vous reste-t-il concrètement de vos expérience, en soins palliatifs ?
Il y a beaucoup de clichés qui courent dans ce domaine et qui nous viennent facilement à la bouche, comme : « Ça m'a fait comprendre combien la vie était précieuse ! » C'est un cliché, mais c'est vrai !

C'est un cliché qui n'est pas si bête.
C'est un cliché probablement parce que, les uns après les autres, ceux qui y travaillent font cette expérience de mieux apprécier la vie. Personnellement, ce travail m'a amené à essayer de m'attacher à ce qui est important. À ce sujet, le témoignage de James Bamber, qui a été diffusé à quelques reprises à la télévision de Radio-Canada, m'a beaucoup touché et impressionné. Il disait finalement ce que j'ai entendu des dizaines de fois : « À ce moment-là, ce qui compte, ce sont nos amis et nos amours... »

XIV

Éthique et euthanasie

ENTRETIEN AVEC JACQUELINE FORTIN

Présidente du comité de bioéthique de l'hôpital Notre-Dame à Montréal.

Je dirais de plus, en insistant sur ce sujet, que l'office du médecin n'est pas seulement de rétablir la santé, mais aussi d'adoucir les douleurs et souffrances attachées aux maladies, et cela non pas seulement en tant que cet adoucissement de la douleur, considérée comme un symptôme périlleux, contribue et conduit à la convalescence, mais encore afin de procurer au malade, lorsqu'il n'y a plus d'espérance, une mort douce et paisible, car ce n'est pas la moindre partie du bonheur que cette euthanasie. Mais de notre temps, les médecins semblent se faire une loi d'abandonner les malades dès qu'ils sont à l'extrémité au lieu qu'à mon sentiment, s'ils étaient jaloux de ne point manquer à leur devoir ni par conséquent à l'humanité et même d'apprendre leur art à fond, ils n'épargneraient aucun soin pour aider les agonisants à sortir de ce monde avec plus de douceur et de facilité. Or, cette recherche nous la qualifions de recherche sur l'euthanasie extérieure que nous distinguons de cette autre euthanasie qui a pour objet la préparation de l'âme et nous la classons parmi nos recommandations.

Francis Bacon, *Œuvre philosophique*, selon la version définitive de 1623.

SERGE BUREAU : *Madame Fortin, si l'éthique telle que pratiquée de nos jours est un phénomène assez nouveau, nous pouvons néanmoins constater que l'euthanasie n'a pas été inventée par nos contemporains. Le désir, ou la volonté de mourir doucement et dignement n'est-il pas depuis toujours une préoccupation pour les humains ?*

JACQUELINE FORTIN : L'euthanasie a toujours été pratiquée, sauf que Francis Bacon a utilisé le mot dans un contexte où, même si c'est assez loin en arrière, la médecine se développait. Il renvoie toutefois au fait de favoriser une mort douce, sans souffrance, chez les personnes en phase terminale, en agonie ; c'est d'ailleurs ce que signifie le mot euthanasie. Évidemment on suppose qu'une souffrance existe à ce moment-là, puisqu'on parle de devoir la soulager. Remarquez cependant que Francis Bacon ne parle pas dans ce texte des moyens à utiliser.

Théoriquement, il existe deux façons de procurer une mort douce. La première consiste à soulager les souffrances physiques un peu comme on le fait aujourd'hui, avec la morphine ou les cocktails de médicaments, pour en arriver éventuellement à une dernière dose. L'autre manière consiste à donner, d'un coup, une dose énorme. Soulager la douleur se fait couramment dans les milieux de santé, mais on fait habituellement une distinction entre les deux manières de procéder.

Peut-on arriver à définir le rôle et l'importance de l'éthique via l'euthanasie ?

Quand on est en éthique et qu'on réfléchit sur l'euthanasie, on essaie d'une part de comprendre le sens que peut avoir le fait de favoriser une mort douce, et d'autre part de définir ce qu'il y a d'acceptable et d'inacceptable dans la manière de le faire. Personne ne souhaite mourir dans des douleurs intolérables, c'est une question de bon sens. Néanmoins, la manière de favoriser la mort et les motifs pour lesquels on le fait sont très importants. Les mêmes gestes posés avec des motifs différents pourraient signifier qu'on passe de l'euthanasie dite active, par exemple faire mourir quelqu'un, à carrément commettre un meurtre.

Êtes-vous mandatée, si je peux employer ce terme, pour décider comment on doit faire les choses ?
Ah non ! Pas du tout. Si vous saviez ! Ni les éthiciens, ni les philosophes, ni les théologiens — ni les juristes, remarquez bien ! — qui s'intéressent à cette question, ne se sont donné de mandat... enfin, ceux que je connais. Ce n'est pas non plus, je pense, un mandat qu'on leur donne ; cette réflexion sur l'euthanasie est une problématique sociale, elle intéresse et elle doit intéresser tout le monde, parce qu'elle nous concerne tous dans notre vie propre ; elle concerne le sens qu'on donne à notre vie et à notre mort.

Historiquement, quand on doit réfléchir à ce qui est acceptable et à ce qui ne l'est pas, donc aux fameux grands concepts de bien et de mal, on se tourne habituellement vers ceux qu'on appelle des experts en éthique (je n'aime pas tellement cette expression, qui suscite d'ailleurs de grands débats épistémologiques — que je n'apprécie guère non plus —, sur ce qu'est finalement un expert en éthique), en tout cas on se tourne vers ceux qui, pour toutes sortes de raisons, ont un bagage de connaissances en philosophie, en théologie, pour essayer de voir quels sont les paramètres ou les cadres de référence qui permettent d'analyser les problèmes concrets. Autrement dit, quand les gens viennent me voir, ou quand ils consultent un comité d'éthique, ils ne demandent généralement pas de réponse. Ceux qui sont en droit ou en politique sociale, par exemple, sont évidemment très impliqués dans ces questions, mais un peu tout le monde est happé par le mouvement rapide du développement scientifique et technologique, en fait trop rapide pour la réflexion qu'on aurait besoin de faire. C'est là notre plus gros problème. On s'est rendu compte que l'espace de temps entre théoriser, émettre des hypothèses et passer à l'action, est très court.

Depuis un certain temps, on commence à se poser des questions, comme où cela nous mène-t-il ? On commence aussi à vivre l'impact des décisions qu'on a prises, car les moyens qu'on croyait utiles à l'amélioration de la condition humaine ne produisent pas nécessairement l'effet attendu. Pensons à la réanimation cardio-respiratoire ; ce n'est pas sorcier de réanimer quelqu'un pour ce que j'appelle un simple problème de batterie, c'est-à-dire lorsque la mécanique cardiaque fait défaut ; à l'occasion d'une anesthésie par exemple, en salle d'opération, on repart la batterie. Pourquoi pas ? C'est dans ce contexte d'ailleurs qu'on s'est rendu compte que c'était utile.

Ce que la société demande au médecin, c'est de faire quelque chose, pas de ne rien faire ! L'impératif en médecine, c'est d'agir, d'essayer de sauver la vie humaine! Maintenant qu'on sait comment repartir la batterie, on a pris l'habitude de la repartir n'importe quand!... Quand le patient arrive à l'urgence dans des conditions critiques, on ne prend pas le temps de se demander si on doit le réanimer ou non; c'est très connu dans les milieux de santé que dans ces circonstances-là, le *kick*, c'est d'agir. On s'est rendu compte qu'il fallait peut-être réfléchir au contexte dans lequel on décide de réanimer. Dans quel état est le patient? Le résultat risque-t-il d'être valable ou non?

Il y a une chose qui me tracasse un peu relativement à l'éthique, c'est la coupure faite entre l'éthique, la politique, le droit. On se retrouve avec plusieurs spécialités et on se dit: «Comment se fait-il que chacun dans son coin décide de l'avenir ou de la situation?»
C'est inquiétant, n'est-ce pas?

Mais oui... Il devrait y avoir une espèce d'unité...
L'unité n'est malheureusement pas facile à faire.

Pour certains responsables ou spécialistes en médecine, ce manque d'unité peut devenir une façon de s'en laver les mains et de dire: «Le comité d'éthique va s'en occuper!»
Des gens aimeraient peut-être que les comités de bioéthique prennent ces décisions, mais il faut être clair, ces comités ne décideront rien de ce genre parce que leur vocation n'est pas décisionnelle. Le fardeau de la décision n'est pas facile à assumer pour les médecins. Prendre des

décisions à propos de la vie des personnes dans un contexte d'incertitude, de conflit d'interprétation ou de valeurs entre le patient ou la famille et le médecin, c'est extrêmement difficile. Je peux très bien comprendre qu'à un moment on puisse souhaiter qu'il y ait une instance pour aider à décider, et les comités de bioéthique peuvent jouer un rôle dans ces situations, mais il ne faut pas s'attendre à ce qu'ils disent à un médecin : « C'est ce qu'il faut faire. » Non, vraiment pas !

Ou laissons, à ce moment-là, le patient décider...
Quand le patient peut décider, c'est évidemment la meilleure des choses. Depuis un certain temps, on parle du testament biologique, avec les questions que cela soulève. Il reste que lorsqu'un médecin sait ce que souhaite le patient, que ce soit verbalement ou par écrit — par le mandat en prévision d'inaptitude par lequel le malade peut nommer une personne pour le jour où il ne pourra prendre lui-même ses décisions —, ça aide énormément ; le professionnel a alors au moins une idée de la façon dont le patient voit la situation.

Les hôpitaux d'aujourd'hui ne ressemblent en rien à ceux des années 1930 ou 1940. Que ce soit dans un hôpital ordinaire ou dans un hôpital universitaire, avez-vous une idée du nombre d'intervenants qui circulent et qui sont impliqués dans les soins aux malades ? Il y a le médecin traitant, les résidents qui travaillent avec lui, les nombreux consultants, le personnel infirmier, les travailleurs sociaux, les physiothérapeutes. Il faudrait que les patients expriment leurs désirs et posent des questions !

Mais vous êtes consciente du fait qu'il existe aussi une offre d'euthanasie.

Il faudrait vraiment être naïf pour penser le contraire! Sans nécessairement que le mot euthanasie soit prononcé, il est sûr que ces questions se posent. Il faut cependant clarifier ce qu'on entend par euthanasie. Si le terme signifie éliminer complètement des personnes, c'est une chose! S'il signifie qu'on ne traitera pas, pour des raisons économiques par exemple, c'est autre chose.

Les questions économiques sont très présentes dans les débats actuels. Les études ont démontré que les dernières années de vie de certaines personnes très lourdement handicapées, en unité de soins intensifs ou ailleurs, coûtent les yeux de la tête. On ne va évidemment pas décider de vider les unités de soins intensifs, la question ne se pose pas ainsi! Mais comme on est dans un cul-de-sac sur le plan économique, comment devraient se prendre les décisions, à partir de quels critères?

On pourrait peut-être commencer par demander l'opinion des gens concernés, pas nécessairement pour des raisons économiques, mais la démarche pourrait certainement avoir un effet. On ne sait pas toujours ce que les gens pensent; si on exposait clairement la situation au malade, s'il était conscient du fardeau qu'il représente pour les membres de sa famille pendant des semaines, des mois ou des années, peut-être déciderait-il de mettre fin au traitement? Cette question est très présente aujourd'hui.

On a des réticences à évoquer le critère de l'âge comme déterminant pour cesser des soins, je le comprends. Tout de suite, évidemment, des gens disent : « On aurait la commission des droits de la personne sur le dos ! » Le critère de l'âge, en soi, est une chose, mais le critère de l'âge associé à toutes sortes d'autres conditions, c'est différent. On sait bien qu'on vieillit, que la machine s'use. Est-ce qu'on ne devrait pas réfléchir à ces choses ? Il faut d'abord considérer les critères cliniques, les critères médicaux, la condition de la personne, ce qu'on peut lui offrir... Mais au-delà, si on doit passer à d'autres sortes de critères pour faire des choix par la suite, on est nécessairement obligé de passer à la catégorie des critères psychosociaux, et là on commence à être inconfortable : le statut social, l'âge, la productivité, le rendement ; il y a même des gens qui évoquent, avec tout l'inconfort que cela peut créer, l'importance sociale, sous prétexte que certaines personnes contribuent plus que d'autres à la société. Mais que signifie contribuer à la société ? Les parents qui font des enfants contribuent à la société ! Il n'y a pas de solution miracle. Dans un contexte de rationnement ou de rareté de ressources, on ne peut pas offrir tous les traitements à tout le monde. Est-ce de l'euthanasie que de ne pas offrir un traitement parce qu'on n'a pas les moyens nécessaires ? Si c'est de l'euthanasie, alors elle se fait partout !

A-t-on le choix de décider de sa mort en temps et lieu via l'euthanasie ? Par exemple, dire tout simplement au médecin : « Je sais pertinemment d'après les diagnostics qu'il me reste trois mois. Je n'ai pas l'intention de les vivre, je veux mourir aujourd'hui. »

Vous renvoyez à ce qu'on appelait autrefois une euthanasie active, c'est-à-dire poser un geste direct pour provoquer la mort d'une personne. On doit faire une distinction entre le fait de provoquer sa mort à sa demande, et celui de le faire à son insu ; à son insu, Cela ne passe, vraiment pas, et ce n'est habituellement pas à cela qu'on se réfère.

Il s'est développé, chez beaucoup de gens, une certaine sensibilité morale et une attitude de compassion lorsqu'une personne demande l'euthanasie parce que son état est irréversible et qu'elle s'achemine vers la mort dans des circonstances pénibles. Des personnes comme monsieur et madame tout-le-monde, des professionnels, voire des éthiciens ou des juristes se demandent si l'on ne devrait pas accéder au désir de quelqu'un qui réclame l'euthanasie.

C'est un peu ce que veut Sue Rodriguez dont le dossier est présentement examiné par la Cour suprême*. Elle demande que son médecin puisse interrompre son traitement au moment où elle l'aura décidé, et non pas seulement lui administrer des médicaments pour soulager la douleur, et lui donner à un certain moment une dernière dose possiblement mortelle. C'est ce que fait le Dʳ Kevorkian aux États-Unis — malgré ses démêlés avec

---

* Le 30 septembre 1993, Sue Rodriguez perdait sa cause en Cour suprême du Canada par une voix seulement (cinq contre, quatre pour). Finalement, le 12 février 1994, aidée par un médecin, elle mettait fin à ses jours dans sa maison de Saanich, au nord de Victoria, en Colombie-Britannique.

la justice — quand des personnes qui ont pris elles-mêmes la décision vont lui demander son aide. La question est sur la place publique et elle suscite un sentiment de compassion et de compréhension morale.

C'est cependant une chose de considérer un cas particulier, de ressentir de la compassion, de la compréhension, et une autre de vouloir ouvrir une porte, socialement parlant, et de décriminaliser ce type de réalité. Cela fait peur ! Dans un contexte de philosophie de la médecine, la majorité des médecins que je connais considèrent que ce n'est pas leur rôle. D'autres, une petite minorité, disent au contraire qu'il faudrait revoir le rôle du médecin et que ce serait peut-être une nouvelle manière de concevoir la compassion.

Croyez-vous en tant qu'éthicienne que l'homme est en mesure de choisir sa mort, que c'est un privilège ?
En éthique, il n'y a pas qu'une seule façon de voir ce sujet. Prenez la question qui est derrière : « Est-ce que j'ai un droit sur ma vie ? Est-ce que j'ai un droit sur ma mort ? » Il y a deux grands courants, qu'on retrouve en philosophie et dans certaines théologies. Il y a le courant qui dit : « Non, ma vie ne m'appartient pas. Je ne me suis pas donné la vie, je ne peux pas me donner la mort. La vie appartient à un Dieu qui m'a créé. » Au Moyen Âge, Thomas d'Aquin nous en donne les arguments classiques : compte tenu du fait que nous sommes des êtres sociaux, nous devons nous aider mutuellement. Il ne faut donc pas décider de faire de l'*opting out* par rapport à nos responsabilités sociales. La mort fait partie de cette loi

naturelle et l'attitude qu'on doit avoir par rapport à ce qu'on ne peut maîtriser, parce que c'est hors de notre pouvoir, est une attitude de respect. Je ne peux donc pas m'enlever la vie, car c'est un bien qui ne m'appartient pas.

L'autre courant, même s'il est probablement plus antique que nous ne le croyons — parce que l'idée de s'enlever la vie ne date pas d'hier —, s'inspire entre autres de David Hume, qui a beaucoup élaboré sur la fameuse question de la liberté : si on affirme que l'homme est libre, ne devrait-il pas être libre jusque-là ? Pourquoi mettre une restriction au fait de s'enlever la vie ? C'est peut-être particulièrement vrai dans un contexte où le suicide est décriminalisé.

La société est-elle prête à accepter l'euthanasie ?
Les sondages montrent qu'il y a une sensibilité à des situations dramatiques ; mais il faudrait d'abord savoir d'après quelle méthodologie ont été faits ces sondages, comment les questions ont été posées. J'ai fait un test avec mes étudiants à l'université et pour peu que les gens commencent à faire des distinctions et à bien les comprendre, on se rend compte qu'à un moment donné, cela change radicalement. Ce serait trop facile si la porte était ouverte, et je ne crois pas que la majorité des gens le souhaitent. En Hollande, la porte est ouverte et des études ont démontré qu'il y a des euthanasies qui se font à l'insu des malades, alors que normalement elles devraient se faire à leur demande ; il y a même eu des euthanasies chez des nouveau-nés. On ne peut certaine-

ment pas penser qu'on leur a demandé leur opinion! Il y a des raisons pour lesquelles on a procédé de cette manière. Les gens redoutent que la porte ne soit définitivement ouverte et que ce ne soit plus seulement fait à la demande du malade, mais à son insu et pour toutes sortes de raisons. On considérera alors que certaines personnes ne devraient pas vivre parce qu'elles coûtent trop cher, ou encore parce qu'on préfère ne pas voir l'image qu'elles nous renvoient de leur handicap.

Il y a aussi la question de la douleur physique. Si ces personnes étaient soulagées de façon adéquate, et il y a des lacunes à ce niveau, bien des gens choisiraient probablement de vivre. On admet que la possibilité d'une douleur fasse peur, et une partie de la douleur n'est pas contrôlable. Le seul moyen de soulager certains cancéreux, par exemple, est de leur administrer une dose fatale. Il y a également tout le problème de la souffrance morale qui, elle, ne se soulage pas avec des médicaments ; le seul moyen de soulager la souffrance morale d'une personne qui le demande, c'est de la plonger dans l'inconscience, ou de la faire mourir. Il y a des gens qui disent : «On peut comprendre les cas particuliers, mais de là à ouvrir la porte en décriminalisant, il y a une marge.» Est-ce qu'on doit avoir des lois, des balises légales pour des cas d'exception, pour une minorité, avec une possibilité qu'avec la minorité passe une certaine majorité qu'on déterminera un jour pour des raisons qu'on n'oserait parfois même pas donner en public? Pour peu qu'on y réfléchisse sérieusement, ça fait peur! Moi, ça me fait peur.

Est-il trop facile de dire que si l'acharnement thérapeutique n'existait pas, on n'aurait pas à se poser de questions par rapport à l'euthanasie?

D'une certaine manière, je crois que oui, mais il est difficile de déterminer au juste ce qu'est l'acharnement thérapeutique. Ce qui est acharnement thérapeutique pour un médecin ne l'est peut-être pas pour un autre; ce qui n'est pas acharnement thérapeutique dans un hôpital universitaire le serait peut-être ailleurs. Et du côté du malade lui-même, et de la famille, les perceptions sont très différentes. On dit souvent que c'est le médecin qui veut faire de l'acharnement thérapeutique, mais il faut travailler dans un établissement de santé pour savoir que l'acharnement thérapeutique est fréquemment demandé par les familles.

Souhaiteriez-vous l'euthanasie dans le cas où il y aurait pour vous une mort longue et douloureuse?

On peut avoir une certaine opinion quand on est en bonne santé et penser tout autrement quand on se retrouve à l'hôpital, en phase terminale. Personnellement, je suis contre le fait d'ouvrir la porte à l'euthanasie. Je ne crois pas que je pourrais en faire la demande à un médecin traitant, mais qu'est-ce qu'on en sait quand on n'est pas dans une condition extrême? Ces questions-là se posent chez des personnes vraiment souffrantes, qui ont des maladies débilitantes, qui se voient passer le reste de leur vie dans un lit. À ce moment-là, il n'y a rien de pire que la lucidité et la conscience; cela fait la gloire de l'homme, mais lui cause aussi des problèmes! C'est difficile de répondre à cela.

XV

Mourir légalement

ENTRETIEN AVEC M^E PIERRE DESCHAMPS

Avocat.

*Différents expédients, relevant tous plus ou moins du droit,
ce qui montre qu'il y a une crise véritable, ont été imaginés.
Ils ne sont pour l'instant que des palliatifs temporaires et
partiels à la démesure et ne constituent ni une réponse globale ni même un schéma de référence convenable suscitant
l'espoir d'une restructuration des comportements. Fait significatif toutefois, ils sont tous fondés sur une prémisse com-
mune non exprimée, la certitude de l'affranchissement de
l'être humain et de la récupération par lui d'un pouvoir
éthique et juridique de contrôle sur la mort. Pouvoir qu'il
n'avait jamais eu auparavant, surtout pas lorsque la divinité le déterminait et l'exerçait sur lui.*

Jean-Louis Baudoin, Danielle Blondeau, *Éthique de la
mort et droit à la mort*, collection « Les voies du droit »,
Presses universitaires de France, 1993.

SERGE BUREAU : *Maître Deschamps, croyez-vous qu'il y ait
une crise véritable au sein du droit et de la justice en ce qui
a trait au contrôle de sa propre mort ?*

PIERRE DESCHAMPS : Bien qu'il s'intéresse de plus en plus à la dimension juridique de la mort, le droit est jusqu'à un certain point dans une période de flottement ; il est préoccupé par les nouvelles technologies qui privent parfois les êtres humains du pouvoir de décider, et cherche de plus en plus, je pense, à donner aux gens l'assurance qu'ils pourront rester maîtres des circonstances et du moment de leur mort. Dans ce secteur, le droit tient de plus en plus un rôle de protecteur.

C'est-à-dire que le droit n'a pas l'intention de décider à la place du mourant, de l'individu.
C'est vrai en théorie, mais on sent — surtout au niveau du droit criminel et d'une certaine libéralisation du droit criminel — que le droit voudrait peut-être intervenir à certains égards. Je pense que l'affaire Sue Rodriguez a fait réfléchir beaucoup de gens en ce qui concerne la latitude qu'a le droit pour régenter ou réglementer les circonstances de notre mort. Que serait-il arrivé, dans les faits, si la Cour suprême avait décidé de dire oui à Sue Rodriguez ?

Il s'agit de regarder attentivement les motifs de M. le juge en chef Lamer qui, devant l'invalidation de l'article du code criminel portant sur l'aide au suicide, et à la suite d'un juge de la Cour d'appel, avait imaginé un scénario possible où le droit soumettait l'aide à la mort à un contrôle énorme. On demandait, par exemple, que la personne soit évaluée par un psychiatre ; que le coroner soit appelé afin de voir de quelle façon on procéderait ; une évaluation quotidienne du statut mental de la personne; et enfin, on demandait une période de délai d'environ trente jours... au-delà de laquelle tout serait à recommencer.

Imaginez ce scénario où la personne meurt entourée de son avocat, du coroner et, pourquoi pas, d'un agent de police qui verrait à ce que tout se passe bien... C'est à se demander si le droit doit intervenir à ce point dans de telles circonstances, ou si nous ne devons pas laisser les gens seuls, avec leurs proches, et faire preuve de pudeur afin de ne pas les priver d'un moment unique dans leur vie.

Si je vous demandais de tracer un portrait général de la situation actuelle sur le plan juridique...
Au niveau du droit civil, il est maintenant acquis que la personne est libre de choisir le moment et les circonstances de sa mort. Le droit à l'autodétermination est reconnu à chaque individu. En vertu de ce droit, les gens sont libres de décider pour eux-mêmes et par eux-mêmes de ce qu'il adviendra de leur vie, et par voie de conséquence, de leur mort; de plus, certains mécanismes ont été mis en place pour permettre à la personne d'exercer ce droit à l'autodétermination; certaines décisions passées ont sanctionné ce droit, je pense au cas de Nancy B., à qui la Cour supérieure du Québec a reconnu le droit de cesser d'être maintenue en vie artificiellement.

Le droit reconnaît aussi, jusqu'à un certain point et indirectement, le testament biologique. Il n'est pas reconnu légalement mais garde sa valeur juridique, c'est-à-dire qu'une personne peut, à l'avance, exprimer ses volontés concernant le type de soins qu'elle veut recevoir. L'expression de cette volonté a un poids, je dirais presque absolu, puisque nous devons en tenir compte dans les décisions prises à l'égard de certaines personnes.

Dans le domaine du droit criminel, c'est plus compliqué, plus fragile. Il n'y a pas au Canada de crime appelé euthanasie, de sorte qu'une personne qui, pour des motifs disons nobles, voudrait par exemple mettre un terme à la vie d'un enfant — pensons au cas de Robert Latimer dans l'Ouest canadien —, eh bien cette personne s'exposerait à des accusations en vertu du code criminel canadien et pourrait être assujettie aux règles générales, à savoir que si on commet un acte comme celui qu'a commis Robert Latimer, le juge n'a pas le choix, c'est la condamnation à dix ans de réclusion.

On sent instinctivement que ce n'est pas à travers le code criminel et en appliquant telles quelles les sanctions prévues qu'on rendra service à la société. On peut avoir l'impression, au-delà du droit, de commettre une sorte d'injustice envers ces gens. Il est évident que le droit a tout intérêt à protéger la vie des personnes, mais certaines réalités peuvent conduire les gens de bonne foi, par amour, à décider de mettre un terme à la vie de leur enfant. Devons-nous juger ces gens de la même façon que n'importe quel criminel? Ou ne devons-nous pas tenir compte des motifs qui ont amené ces gens à poser le geste qu'ils ont posé?

Est-ce que « préserver la vie », « protéger la vie », sont des mots qui ont changé de signification?

Le droit a beaucoup relativisé son approche de la vie. Il n'y a pas tellement longtemps, la vie avait un caractère sacré, absolu, et on ne pouvait d'aucune façon porter atteinte à la moindre parcelle de vie détectable chez quelqu'un. Mais on s'est aperçu au fil des ans qu'il ne fallait pas non plus ignorer que toute vie a une fin, et que cette dernière étape de la vie méritait également notre protection, et qu'au-delà même de cette protection, il y avait l'autonomie de la personne; nos perspectives ont en quelque sorte été recentrées sur la personne plutôt que sur la vie en tant que telle.

Avez-vous certaines réticences par rapport aux responsabilités que la justice devrait éventuellement prendre?
Il est fondamental que la justice envoie un message clair concernant les décisions qui sont prises par les individus. Nous n'avons pas à imposer nos propres vues aux gens que l'on soigne.

Cela veut-il dire, par exemple, que l'éthique doit être intégrée aux décisions ou aux réflexions du droit?
Lorsqu'il y a des décisions difficiles à prendre, on fait appel à la fois à l'éthicien, au bioéthicien, et à l'avocat; et je vous dirais qu'il y a parfois conflit entre l'éthique et le droit. Le droit est empreint de rigueur et de sévérité à l'égard de certaines situations; si selon le droit, aider quelqu'un à mourir constitue un interdit, l'éthique pourrait considérer les choses un peu différemment; en étudiant bien le cas de la personne et les circonstances, elle pourrait conclure qu'il est éthiquement justifiable d'aider

quelqu'un à mettre fin à ses jours, ou carrément à mettre fin à la vie d'une personne ; ce que le droit ne se permettrait pas.

Lorsqu'on parle d'euthanasie, d'arrêt de traitement, il y a des situations plus délicates ou plus hasardeuses que d'autres. Je pense à ceux qu'on appelle parfois les morts vivants, c'est-à-dire les gens qui n'ont plus de vie relationnelle. Les parents peuvent décider, par exemple, que l'enfant a suffisamment existé sans vivre et demandent qu'on arrête les traitements, ou qu'on cesse de le nourrir... Mais si les médecins disent : « Non, on continue, il y a de l'espoir ; on ne sait jamais. », est-ce que le droit peut intervenir par l'intermédiaire des parents ? Les parents peuvent dire : « Bon, les médecins ne veulent pas nous écouter, alors on fait appel au droit. »

C'est arrivé par le passé que la famille ou le médecin s'adressent aux tribunaux et soumettent le cas à un juge afin que celui-ci puisse, après avoir entendu les différents intervenants, en arriver à une conclusion qui reflète le meilleur intérêt de la personne. Le critère juridique utilisé est toujours le même : est-ce que la décision représente le meilleur intérêt de la personne ? Le hic, c'est qu'on se retrouve dans un processus judiciaire qui risque de déshumaniser le moment de la mort et d'antagoniser la famille. J'ai en mémoire un cas où un membre d'une famille, le père notamment, avait refusé l'autorisation de traitement que les médecins voulaient donner à sa fille qui venait de naître. Les médecins se sont adressés au tribunal, et le tribunal a tranché en leur faveur. L'opération a été un succès, et l'enfant vit encore aujourd'hui.

On entend parler de plus en plus du testament de vie;
comment le définissez-vous, quelle est sa valeur juridique?
Une grande méprise a longtemps existé autour du testament de vie. Des personnes disaient: «Comme il n'est
pas reconnu par le législateur, il n'a aucune valeur.»
Heureusement, les mœurs et les mentalités ont changé,
et même si ce testament n'a toujours pas de reconnaissance légale, on lui reconnaît aujourd'hui une valeur
juridique. Le testament de vie est essentiellement
l'expression de la volonté d'une personne en ce qui concerne les soins qu'elle voudrait recevoir si elle était, par
exemple, en phase terminale d'une maladie qui l'empê-
cherait d'exprimer elle-même sa volonté. Ce sont des
indications qu'une personne donne à son conjoint ou
aux membres de sa famille en leur disant: «Écoutez, s'il
fallait que j'en arrive à ne plus être en mesure de décider,
eh bien, décidez à ma place, comme la loi vous autorise
à le faire, mais je voudrais que vous décidiez de telle
façon plutôt que de telle autre.» Mais le document
s'adresse d'abord et avant tout à la personne qui prendra
la décision et non pas au médecin qui doit traiter. Il y a
eu par le passé des cas où les gens brandissaient un testament de vie devant le médecin et disaient : «Voici, la
personne s'est exprimée et vous devez agir de telle
façon.» Il ne faut pas non plus que le testament de vie
devienne une échappatoire au dialogue qui doit exister
entre le représentant d'une personne et le médecin.

Malgré le testament de vie, on n'est jamais sûr, en bout de
piste, que nos volontés seront respectées, tout est question de
sensibilité, de coopération et de compréhension.

Effectivement, on n'a pas cette garantie ; cela demeure une question de confiance envers ceux qui nous entourent, ou ceux qu'on désigne éventuellement comme nos représentants légaux.

L'euthanasie sera probablement légalisée un jour, mais cette légalisation présente sans doute des dangers, des pièges ?
Si on légalisait l'euthanasie en Amérique du Nord, ce serait un drame. Il faut bien s'imaginer que le droit voudrait d'une certaine façon régir tous les cas ; il voudrait qu'on offre des garanties que la personne en cause voulait vraiment qu'on lui administre un médicament qui causerait son décès ; on voudrait s'assurer, comme dans le cas de Sue Rodriguez, que la personne décidait en pleine connaissance de cause ; on voudrait que ce soit des médecins accrédités qui le fassent ; on voudrait maintenir des statistiques sur le sujet ; on voudrait peut-être qu'il y ait des comités d'appel. Et là, je vois poindre une déshumanisation de la mort.

Je pense que le droit n'a pas à se mêler des derniers instants de la vie d'une personne, ni, jusqu'à un certain point, d'un certain processus de mort. Je me sentirais plus à l'aise si je pouvais, de concert avec mon médecin ou une équipe soignante, donner des indications pour qu'à un certain moment on soit plus généreux avec la morphine, par exemple, et que cela se décide à l'abri des regards indiscrets du droit ou d'un coroner, ou des avocats d'un comité, ou d'une commission.

J'ai même lu un texte qui suggérait que les gens qui désirent l'euthanasie puissent s'adresser à un comité provincial formé de juristes, de médecins, d'éthiciens, et j'en

passe... et que ce serait ce comité qui donnerait sa bénédiction ou son aval aux actes d'euthanasie. Je pense
qu'on a franchi un cap qu'on n'aurait jamais dû franchir.
Je me sens donc plus ou moins à l'aise avec l'expérience
des Pays-Bas où, année après année, on maintient des
statistiques, et où je dirais qu'on prend un malin plaisir
à dire : « L'an passé, il y en avait 3000, cette année 4000,
l'an prochain il y en aura 5000. » Les statistiques crois-
sent année après année. Est-ce cela que l'on veut ?

Mais la majorité des Canadiens sont actuellement en faveur
de l'euthanasie.
Est-ce que les Canadiens sont conscients de toute la
mécanique de contrôle qu'engendrerait la légalisation de
l'euthanasie ? Si on poussait un peu plus loin la réflexion
et qu'on expliquait aux Canadiens les contrôles qu'impli-
querait la légalisation, je pense qu'ils diraient : « Ce n'est
pas comme ça que nous voulons mourir. Nous voulons
mourir doucement, entourés des nôtres. Nous voulons
que le médecin nous donne un petit coup de pouce s'il
le faut, pour éviter certaines souffrances, où même pour
éviter certaines situations où nous serions physiquement
et esthétiquement atteints. » Je crois que les gens recher-
chent avant tout la mort la plus sereine possible, et veulent mourir en privé, pas à la vue du public.

Le fait qu'il existe un vide juridique par rapport à toutes ces
questions est finalement une bonne chose.
Je pense qu'il faut vivre avec un certain vide juridique et
que les êtres humains ne doivent pas toujours chercher à

s'en remettre au droit. Je le dis avec beaucoup d'humilité, mais il y a des réalités qui échappent au droit, et Dieu merci qu'il en soit ainsi.

Il y a ce qu'on appelle les traitements consensuels, c'est-à-dire qu'on ne doit pas traiter les gens sans leur consentement; est-ce un principe ou une pratique?
S'il y a un secteur où le droit s'est développé, c'est bien en matière de consentement libre et éclairé. Les plus grands progrès ont été faits au cours des dix ou quinze dernières années, et c'est dans ce domaine que s'affirme d'une façon catégorique le droit à l'autodétermination : personne ne peut intervenir sur autrui sans avoir obtenu son consentement ou sans être autorisé par la loi, de sorte que le consentement devient un impératif catégorique à toutes interventions qui pourraient être faites. Cela s'applique aux gens conscients et en mesure de décider par eux-mêmes. Pour les autres, c'est plus délicat, et nous devons faire preuve de vigilance. Ma crainte, aujourd'hui, concerne moins l'acharnement thérapeutique que l'abandon thérapeutique... Compte tenu des coût reliés aux maladies terminales, aux soins palliatifs diront certains, peut-être sommes-nous aujourd'hui plus enclins à cesser de traiter qu'à nous acharner.

Dans ce contexte, les soins palliatifs représentent un juste milieu, et plutôt que de parler d'euthanasie ou d'acharnement thérapeutique, peut-être devrions-nous chercher la solution du côté de ces soins?

Je pense que les soins palliatifs sont la meilleure garantie que l'on puisse avoir pour conserver une certaine humanité à la mort. Je ne parle pas exclusivement des unités de soins palliatifs, mais de ces soins en général. Malheureusement, on sent que le développement des soins palliatifs est aujourd'hui menacé. Il existe dans plusieurs hôpitaux de Montréal une incertitude quant à l'avenir de ces soins. Ni la Régie régionale de la Santé, ni le gouvernement ne veulent se compromettre et dire : « Oui, nous avons besoin des soins palliatifs ; oui, nous allons encourager la formation du personnel afin d'offrir les meilleurs soins possibles aux gens qui sont en fin de vie. » Il y a une espèce de flottement qui crée beaucoup d'incertitude, et je dirais qu'il est presque criminel de laisser subsister ce doute-là.

Les gens doivent s'interroger sur l'avenir des soins palliatifs, et ils devraient même prendre en main ce dossier, comprendre que ces unités sont menacées, et qu'investir humainement et financièrement nous reviendra, parce que le jour où nous en aurons besoin, les unités seront là avec un personnel compétent qui saura nous accueillir, nous réconforter et nous amener aussi loin que possible dans notre propre cheminement.

XVI

Bienfaits et méfaits de la thanatologie

ENTRETIEN AVEC JEAN-MARC LAROUCHE

Professeur spécialisé en sociologie de l'éthique à l'université Saint-Paul d'Ottawa. Il a publié en 1991, chez VLB, *Éros et Thanatos sous l'œil des nouveaux clercs.*

En faisant silence sur l'événement thanatique, en privant l'homme des choix de l'instant de sa mort, en masquant son agonie et en refusant son statut au mourant, le système capitaliste détruit l'homme dans son être, il le prive de l'expérience réflexive de la phase la plus importante de sa vie et l'empêche de prendre à son terme la mesure de son existence. Mais il y a plus. En vidant la mort de tout le sens existentiel qu'elle véhicule, le système capitaliste prive l'existence humaine de sa liberté, de sa signification eschatologique, de sa qualité de destin. L'homme est occulté à lui-même.

Jean Ziegler, *Les vivants et la mort*, Seuil, 1975.

SERGE BUREAU : *Dans* Éros et Thanatos sous l'œil des nouveaux clercs, *vous consacrez une partie importante de votre étude, voire de votre thèse, aux études sur la mort telles qu'enseignées depuis 1981 à l'Université du Québec à Montréal ; un programme qui permet d'obtenir, entre autres, un certificat en thanatologie. Ce texte de Jean*

*Ziegler est-il selon vous représentatif du discours universi-
taire entourant les études sur la mort et le deuil ?*
JEAN-MARC LAROUCHE : Il est sans doute représentatif
d'éléments déclencheurs d'un besoin d'études critiques
sur la mort. Il s'inscrit dans une vaste littérature dite
thanatologique qui a essayé de mettre en perspective ce
qu'on a appelé le tabou de la mort, et que Ziegler relie
d'une manière assez explicite à une vision sociale et
économique des choses, d'un ensemble dans lequel la
mort, comme tabou, fonctionne au profit d'un système.
Mais les études sur la mort, au sein desquelles le programme de l'Université du Québec à Montréal est exemplaire, font aussi une critique de ce type de discours.

*Dans ces programmes, on essaie d'aller plus loin. Il n'est pas
strictement question de théorie ou de réflexion théorique ?*
Bien sûr, il y a une réflexion théorique qui est présente,
mais ce programme s'adresse en même temps à des professionnels qui interviennent auprès des mourants dans
un contexte hospitalier ou de travail social. Le cours et
le programme ont donc comme objectif de perfectionner
la compétence de ces professionnels du domaine infirmier ou du travail social.

*Quel était l'objet de vos observations concernant ce pro-
gramme en thanatologie à l'Université du Québec à Montréal ?*
Mon point de départ était d'essayer de comprendre ce
qui se passait dans notre société où la mort et la sexua-
lité, que j'ai étudiées en parallèle, sont des dimensions de

la vie humaine qui ont été largement codées au plan symbolique et moral par le discours religieux, et qui ont été gérées par les acteurs religieux, les clercs. Et je me suis demandé ce qui se passait quand la mort devient l'objet d'un discours savant. Est-ce qu'on ne voit pas apparaître de nouveaux clercs ? L'expression ne se veut pas péjorative, mais veut indiquer : « Est-ce que les gens qui font de la thanatologie une discipline qu'on enseigne à l'université, ne participent pas à une certaine formation symbolique (j'ai même utilisé le terme manipulation symbolique, toujours dans un sens non péjoratif) où l'on cherche à avoir une influence au niveau des représentations, des attitudes et des comportements relatifs à la mort ? » Les gens de l'UQAM, entre autres, avec qui j'ai travaillé et qui ont été très généreux avec moi, ont accepté d'être ainsi étiquetés, sachant qu'il ne s'agissait pas d'un terme visant à banaliser leur travail ou à l'amoindrir, mais ils reconnaissaient qu'ils inscrivaient leur travail dans une perspective critique et en même temps soucieuse de changer les attitudes, les comportements et de le faire de la manière la plus raisonnée et la plus raisonnable possible.

Est-ce pour eux une manière de prendre un créneau laissé par l'Église ?
Bien sûr... Les discours sur la mort ont longtemps été des discours religieux, mais on peut constater, avec l'avènement de la psychologie moderne, avec Freud par exemple, pour qui la mort a été un élément important de toute son approche, comment le discours psychologique

a remplacé le discours religieux. Dans l'histoire de ce que les Américains appellent le *Death and Dying Movement*, qu'on pourrait appeler en français le mouvement thanatologique, la psychologie a joué un rôle très important et a remplacé le discours religieux à un point tel qu'elle en a également pris les travers en utilisant les métaphores et en glissant elle aussi sur un type de discours qu'on pourrait qualifier de religieux. Ici, je pense d'une manière particulière aux travaux de vulgarisation, à ceux d'Élisabeth Kübler-Ross, qui ont popularisé le mouvement thanatologique.

Dans les années 1950, l'Association américaine de psychologie a officiellement fait de la mort un champ d'études sous la direction de Herman Feifel, avec un livre qui fait date dans le mouvement, *Meaning of Death*, publié en 1959, et suivi d'une série de travaux élaborés dans le domaine de la psychologie, d'où ce paradoxe : d'une part on remplace le discours religieux, mais d'autre part ce discours psychologique utilise une certaine métaphore religieuse et glisse également dans ce que j'appelle le travail religieux, c'est-à-dire un travail de reconstruction du sens.

La mort n'est donc pas en si mauvaise posture qu'on voudrait bien le prétendre... Elle a suivi un certain courant.
Exact. Il y a les discours et les pratiques. Évidemment, les discours essaient de rendre compte des pratiques, mais ils ne peuvent les dire d'une façon globale. Il est vrai que des faits ont changé ; il y a des déplacements factuels dans le domaine de la mort et du mourir, ne

serait-ce que la façon dont les gens meurent. À partir du moment où les gens meurent à 85% dans des institutions hospitalières inadéquates, il y a un déplacement au niveau de la pratique. Depuis le milieu des années 1950, les conditions et les causes de la mortalité sont différentes de ce qu'elles étaient au début du siècle. Au niveau des discours, il y en a qui prétendent à une reconstruction du sens, celui de la psychologie par exemple, pour une certaine école à tout le moins, alors que d'autres se veulent des discours à la fois d'analyse et de compréhension de ces changements.

Ici, nous avons davantage de travaux de type socio-historique. Par exemple, en 1963, est publié aux États-Unis un livre intitulé *The American Way of Death*, de Jessica Mitford. Ce livre a fait prendre conscience de la manière de mourir à l'américaine, à savoir qu'il y avait un important déni de la mort et du deuil, surtout dans le monde urbain. Mais toute cette littérature qui a insisté sur le tabou et le déni peut, elle aussi, participer insidieusement de ce même mouvement. C'est ici que je vois l'importance des programmes d'études de thanatologie, pour bien prendre la mesure de ces types de discours qui ont dénoncé les tabous, mais qui ont parfois aussi idéalisé la mort. Dans les travaux d'Ariès transparaît une certaine nostalgie d'une mort du passé ; on ne retrouve plus cette gestion de la mort qu'avaient les mourants. Dans les faits, on observe aujourd'hui que tous les vivants n'ont pas évacué la mort. Il y a eu des tendances, mais il faut absolument revenir sur le discours qui a fait de la mort un tabou, il faut le situer dans son contexte et ne pas répéter in extenso cette vulgate, parce qu'elle ne correspond pas en général à ce qui se passe dans nos sociétés.

Il n'y a pas que des fautes à rejeter sur l'institution médicale ou hospitalière.
Le phénomène de modernisation et de développement technologique a changé la vocation des institutions médicales, on a voulu défier la mort, et on a même cru, à la limite, qu'on pouvait la vaincre. C'est une utopie qui a eu sa version moderne, technologique, dans les années 1950.

Vous dites que ce nouveau champ d'études de la thanatologie à l'Université du Québec a été précédé d'un mouvement social. À quoi faites-vous référence ?
On peut essayer de situer le mouvement social, dit thanatologique, à partir du milieu des années 1950, où globalement une certaine conscience s'est faite sur les conditions du mourir dans notre monde moderne. Dans les cercles académiques, à la fin des années 1950-1960, des francs-tireurs, des éclaireurs, des psychologues et des sociologues, par exemple, ont développé sur le domaine du mourir des discours critiques qui répondaient à une certaine demande sociale. Il s'est alors formé une espèce de spirale entre la demande sociale et les gens de niveau plus académique qui ont écrit. Il y a eu un vaste mouvement social, diffus au départ, mais qui très rapidement s'est donné des leaders et des mots d'ordre comme : « Il faut changer les attitudes !... Il faut parler de la mort ! Il

faut changer certaines législations !» Puis sont apparus des groupements qui se sont donné des objectifs spécifiques dans divers domaines, éducatif, législatif et universitaire, pour en arriver à développer des programmes de perfectionnement, tel celui de l'UQAM.

A-t-on réussi par ces études à enrayer le fameux discours selon lequel la mort est tabou, refoulée ? L'Université a-t-elle réussi à dépasser ce discours ?
Elle participe à une transformation. Il est certain que ce qu'on peut appeler les forces du tabou de la mort continuent de travailler dans notre société, et chacun résiste personnellement à ces moments d'occultation. Socialement, il y a encore des tendances très fortes, mais du seul fait que depuis une vingtaine d'années nous en parlions, qu'il y ait des pratiques comme celle des soins palliatifs, qui est à mon avis la plus exemplaire, cela occasionne une phase de transformation. Vers quoi nous mène-t-elle ? Il est encore un peu tôt pour le dire. Mais il est certain qu'il y a des changements par rapport aux années 1960.

Comment se fait-il qu'on s'intéresse tant à la mort ? Il y a par exemple la revue Frontières qui est spécialisée dans le domaine ; dans les librairies, il y a des rayons complets de livres qui traitent de la mort...
Il y a sans doute plusieurs hypothèses possibles. Une de celles qu'on peut avancer, c'est de situer ce vaste mouvement dans un plus vaste mouvement critique de la modernité technologique et bureaucratique, critique du

mythe du progrès, critique des grands discours qui ont fait la gloire des années 1960, et qualifiée de post-moderne dans certains milieux, mais que je préfère appeler post-sécularisée dans la mesure où, non seulement il y a eu une critique de la modernité, mais où il y a eu aussi une certaine relance, une certaine proposition où l'on tient compte du facteur religieux, non pas ici le facteur religieux confessionnel, mais celui du travail du sens ! Les gens qui travaillent en thanatologie sont très soucieux de faire accoucher du sens... Le travail thanatologique est comme le travail de deuil ; faire accoucher du sens rejoint une certaine maïeutique, et ceci fait partie de ce que j'appelle le mouvement de post-sécularisation, où il y a un retour aux questions du sens.

C'est une réaction à l'échec d'une certaine société qu'on a idéalisée pendant dix ou vingt ans, cette société du loisir, de la technologie, et on se rend compte finalement que face à la mort, on n'est pas dans une société idéale.
Voilà ! Nous sommes dans une période où cette vision d'une société du progrès, des loisirs, n'existe pas !

Et c'est une organisation de société qui a tenté encore une fois de nier la mort...
Exactement. On revient de tous ces discours et de toutes ces pratiques, et ça m'apparaît un mouvement fort sain ! Une série de mouvements s'inscrivent dans cette critique de la modernité, et les mouvements thanatologique et écologique en font partie. Puisque la mort pose la question du sens de la vie et qu'on s'interroge sur l'au-delà,

il y a une ouverture sur le discours religieux, ou ce qu'on peut appeler le travail religieux, et dès lors je préfère cette expression de post-sécularisation comme lieu non pas de réenchantement au sens magique du terme, mais un réenchantement du monde qui passe par une certaine prise en compte des données les plus simples de la vie quotidienne.

Vous employez dans votre livre un terme qui m'apparaît bien sympathique, je dois l'avouer, lorsque vous parlez du credo thanatologique.
Ce credo dit en gros que la mort, c'est positif. Il y a une possibilité d'avoir, à la limite, une certaine vision jouissive de la mort (je dis bien à la limite), et il y a une certaine positivité à la mort. Il y a aussi un élément du credo thanatologique qui a été assez important, c'est celui, non pas de l'immortalité, mais d'une présence autre après la mort. Il y a eu ces livres très populaires...

...Comme La Vie après la vie, etc....
Oui, ces éléments faisaient partie du credo thanato-logique. Un autre élément était de considérer la mort comme une étape normale de la vie. Ces éléments ont été confessés par ce qu'on pourrait appeler les leaders du mouvement thanatologique, comme Kübler-Ross, qui a eu un discours « confessant » très explicite sur ce que devait être le mouvement thanatologique.

En d'autres termes, lorsque vous dites : « La mort est un passage qui fait grandir », ou encore : « Par la mort, on peut

atteindre jusqu'à un certain point l'orgasme », il faut se méfier...
Oui...

C'est même dangereux !
Oui. Ces éléments du credo d'immortalité, de positivité et finalement d'expressivité, c'est-à-dire qu'il faut exprimer ses émotions, font partie d'une école de pensée thanatologique très forte que les Américains ont nommée *Culture of Joy*, la culture de la joie, où règne cette vision de l'acceptation sur laquelle Kübler-Ross est revenue et a insisté. C'est aussi un contexte de valorisation de l'individu où l'on élève la sphère privée contre la sphère publique.

Cette forte école de pensée a été le fer de lance du mouvement thanatologique au plan populaire. Ce que la thanatologie dite critique peut amener, c'est de faire connaître d'autres types de discours, même en psychologie. Je pense à ceux qui s'inscrivent davantage dans la lignée des travaux d'Erikson, où il y a une vision beaucoup plus psycho-historique, et même sociale, et où l'on tient davantage compte de la dimension communautaire que de l'individu, d'où l'impact de ce type de discours. Dans le premier, on a été attentif à suivre à la lettre les désirs des patients, les besoins de l'individu, ce qu'il exprimait, etc. On est revenu de ce modèle pour aller vers l'autre où l'on met des bémols sur l'individu au profit d'une meilleure évaluation de son rapport à la communauté. On voit émerger de ces types de discours deux types d'attitudes éthiques ou morales.

*Les soins palliatifs sont-ils une des conséquences, disons po-
sitives, du mouvement thanatologique ?*
Ils en sont moins une conséquence qu'un des signes les
plus vivants, les plus exemplaires, dans la mesure où la
critique du tabou de la mort a eu comme cible l'institution médicale et hospitalière... Il va de soi que nous
avons là une réponse, une réaction somme toute positive.
Les soins palliatifs ne sont pas la panacée à toute cette
problématique, mais ils témoignent d'un revirement,
d'une profonde transformation dans les institutions.

*La thanatologie à l'Université du Québec ne risque-t-elle
pas de devenir une nouvelle forme de thanatocratie ?*
On pourrait craindre de former des experts qui auraient
l'exclusive responsabilité de l'accompagnement des mourants, mais ce n'est pas ce qui se passe, et je ne pense pas
qu'on en vienne à une thanatocratie. Les gens de l'Université du Québec à Montréal ont toujours insisté sur le
fait qu'ils ne veulent pas former des professionnels de la
mort. Nous entendons bien cela ; mais il ne faudrait pas
non plus occulter la dimension sociale qui se joue, à
savoir que les gens sur le terrain ont peut-être moins de
scrupules que les universitaires à se dire professionnels,
tout en n'étant pas des thanatocrates. J'imagine très bien
le jour où dans des institutions on aura des personnes
attitrées à une unité, à un secteur, et il me semble que ce
serait jouer d'une manière nouvelle ce jeu du déni de la
mort que de leur refuser une certaine étiquette profes-
sionnelle. Je n'ai pas de réponse très précise à ce problème, mais je pense qu'il devra être mieux abordé dans

les prochaines années. C'est une invite aux collègues en thanatologie à revenir sur ce discours et sur ce qui est effectivement en jeu là-dedans.

XVII

La mort et l'hindouisme

ENTRETIEN AVEC ANDRÉ COUTURE

Historien des religions, indianiste et professeur à la faculté de théologie de l'université Laval.

choses, et on s'y attache tellement qu'on est incapable de s'en défaire, même au-delà de la mort. On continue à exister par delà la mort parce qu'on est toujours prisonnier de ces objets de désir.» Mais, au-delà de toute cette dialectique du désir qui nous attache à la vie, qui nous fait renaître et renaître encore, il y a la possibilité de libération, et c'est au moment même où l'on réussit à penser la libération — c'est-à-dire la découverte de l'âtman, d'un principe permanent — qu'on pense à cette vie dont il est impossible de se défaire, cette vie qui est l'éternel retour, le cycle des naissances, le cycle des renaissances.

Cela ne correspond-il pas à l'invention d'un au-delà ?
Dans les textes les plus anciens, dans les Védas, on pensait l'au-delà. On acceptait le principe d'une sorte de paradis ou d'un monde différent par-delà la mort et, suivant les rituels observés ou les sacrifices que l'on faisait, il devenait possible d'accéder à différentes demeures. Les vieux textes nous montrent donc qu'on pensait déjà à la multiplicité des demeures célestes, et par réaction, à la multiplicité des lieux de souffrance que provoquaient des rituels insuffisants ; mais selon toute vraisemblance, cela se passait à l'intérieur d'une seule existence pouvant se prolonger.

Avec les Upanishads, et avec cette découverte de l'âtman, on pensera à un cycle dont il est impossible de se défaire : c'est au moment même où l'on pense l'âtman comme une espèce de centre, ou un principe vraiment immortel par-delà tous les désirs, et qui peut satisfaire tous les désirs, qu'on pense en contrepartie à un monde fait d'une multitude de demeures dans lequel on risque de circuler à l'infini.

L'âtman de l'hindouisme est-il comparable à l'âme chez les chrétiens?
L'âtman ne grandit ni ne diminue en fonction des actions bonnes ou mauvaises. C'est un principe permanent. «Âtman» est le vocable sanscrit de «soi», de «soi-même»; c'est le pronom réfléchi signifiant la personne, le corps même devenu principe transcendant. Dans la pensée chrétienne, l'âme est surtout associée à la personne humaine, tandis que du côté de l'hindouisme, l'âtman est davantage assimilé à un corps, ou à des corps, comme s'ils étaient des vêtements qu'il faudra revêtir au fur et à mesure des existences. Aussi, par-delà tous les personnages que l'on jouera, il faudra finalement découvrir ce soi, ce soi-même, cet âtman, qui est, selon l'expression consacrée, au-delà du nom et des formes.

En quels termes les philosophes modernes de l'Inde, c'est-à-dire des gens comme Aurobindo ou Swâmi Râmdâs, qui sont aussi perçus comme des sages ou des gourous, parlent-ils de la mort?
Il y a chez Aurobindo un contexte assez particulier, dans le sens où sa philosophie est aussi, d'une certaine façon, une philosophie de l'évolution. Aurobindo a passé un certain nombre d'années en Angleterre, il a connu les philosophes occidentaux et toutes les idées de progrès et d'évolution, et il a relu la philosophie indienne à la

lumière des termes occidentaux ; il n'est donc pas étonnant que plusieurs Occidentaux se reconnaissent dans une certaine philosophie indienne. Au fond, ils y retrouvent les thèmes qui leur sont chers, mais dans une philosophie considérée comme moderniste en Inde, c'est-à-dire une philosophie qui essaie de relire l'hindouisme et de le réorienter autrement.

De l'adapter à l'occidentale.
Oui, par une sorte de cercle.

D'après vos descriptions, la terreur de la mort ne semble pas exister chez les Hindous. Est-ce dans l'absolu ou observable dans la réalité ?
Il faut faire très attention. Disons que les textes anciens parlent déjà du pourquoi de la mort : le dieu créateur a créé des êtres qui se sont mis à s'entre-dévorer, et ils se sont entre-dévorés parce que c'étaient des créatures qui mouraient et qui étaient toujours prêtes à affronter la mort. Dans cette perspective, la mort est toujours quelque chose d'effrayant, de terrible. Dans les textes un peu plus tardifs, ceux qui parlent de réincarnation, de renaissance, on imaginera des personnages à multiples bras, à cent bras par exemple, qui sont pratiquement des roues, des personnages absolument terrifiants qui incarnent la roue du temps... et c'est le temps de la mort, évidemment. Je pense aussi à ces films indiens où, juste avant que la mort frappe, on voit soudainement apparaître un cobra qui se faufile, subrepticement... À ce moment-là on sait que la mort est proche...

Qu'on soit Occidental ou qu'on soit Oriental, je pense que la mort fait peur. Il y a bien chez certains sages une sorte de prise de distance face à la mort, mais c'est l'apanage d'un tout petit nombre de personnes ; les gens ordinaires, eux, la craignent ; pourtant, lorsqu'ils parlent de réincarnation, ils en parlent la plupart du temps de façon positive. Il faut faire attention, si j'ai déjà dit que la réincarnation, les renaissances, pouvaient être négatives, c'est qu'elles sont présentées de cette façon dans les grands textes de l'hindouisme, c'est parce que ce sont des sages qui en parlent ainsi en disant : « Il faut échapper à la mort ! Échapper aux renaissances, échapper aux " re-morts "!... », parce qu'à ce moment-là la réincarnation est un cycle infernal. Mais quand ce sont des gens ordinaires qui en parlent, ils le font avec un sourire d'espérance, parce qu'ils espèrent avoir une autre chance, pour être meilleurs, pour éventuellement aller vers la connaissance. Donc, les deux discours coexistent.

Quelles différences y a-t-il entre le fait de se préparer à la mort chez les chrétiens, et le fait de se préparer à une renaissance chez les Hindous ?
D'abord, les gens vivent cette vie-ci ; ensuite, tout dépend de la façon dont ils perçoivent les multiples vies. Si elles sont une façon déguisée de s'empêtrer davantage, ce n'est pas plus drôle. Malgré tout un discours occidental qui voudrait que la croyance dans la réincarnation soit beaucoup plus drôle, plus satisfaisante, plus consolante que la croyance dans la résurrection, j'ai l'impression que pour le commun des mortels tout cela revient sensiblement à la même chose.

L'instant de la mort semble avoir une importance capitale dans l'hindouisme, c'est-à-dire que les dernières pensées paraissent cruciales.

Un des plus vieux textes traitant de renaissance décrit ce qui se passe à ce moment-là : « Lors de la mort, la pointe du cœur s'éclaire et l'âtman s'échappe par le sommet du crâne... », mais on précise que l'âtman n'est pas seul, il s'échappe avec un bagage de connaissances, avec des traces d'actions précédentes. Ainsi, derrière ces questions, il y a une dimension anthropologique, il y a la façon dont on conçoit l'humain.

En Inde, il y a le corps, mais il y a aussi le monde psychique, qu'on appelle le corps subtil. Si l'âtman est le « soi », le corps subtil est le psychisme, le mental conçu comme un réceptacle qui accumule sous forme de traces les résultats de toutes les actions que l'on a faites. Qu'elles soient bonnes ou mauvaises, les actions que je fais laissent des traces qui s'accumulent, ce sont les *vâsanâs,* des formes latentes, qui, à leur tour, s'assemblent pour créer les *samskâras,* c'est-à-dire une sorte de structure dans mon psychisme. Dans ce contexte anthropologique, les dernières actions que je peux faire, les dernières pensées que je peux avoir sont évidemment importantes, puisqu'elles s'incrustent en moi.

Sont-elles déterminantes ?

Tout dépend du contexte religieux. L'hindouisme n'est pas monolithique, il contient une multitude de traditions ; dans certains cas, la dernière pensée s'additionne aux autres et oriente la personne quelque part pendant un temps indéterminé, puisqu'elle devra ensuite revenir expier tout le reste; dans d'autres cas, dans un contexte de religion dévotionnelle à Krishna par exemple, ou à d'autre dieux, on dira que le simple fait, dans notre ère terrible, dans le *kaliyouga*, d'invoquer le nom de Krishna ou de Râma, peut suffire à nous ouvrir les portes du paradis. Donc, pour certaines traditions, nos dernières pensées seront très importantes; pour d'autres, elles le seront moins.

Pourquoi est-il important ou préférable d'abandonner son corps dans un lieu sacré comme Bénarès?
Beaucoup d'Hindous souhaitent mourir à Bénarès parce que c'est une ville de salut, une ville de libération; c'est au moins quelque chose de très propice pour eux que de mourir là où le dieu Çiva est à l'œuvre...

Quelle est la signification des formules sacrées de la méditation au moment du trépas?
Encore là, tout dépend des groupes, des personnes. Prenons le cas d'un brahmane ordinaire, du nord de l'Inde par exemple, et voyons ce qui se passe quelques heures avant sa mort. D'abord, ses parents feront des dons en son nom. Ce sera peut-être du sel — qu'on pense être un produit très particulier qui enrichit la terre —; ce sera peut-être des dons de terre, symbolique, ou bien une véritable parcelle de terre; ce sera peut-être un don de grains. Il y a aussi le don d'une vache qui traditionnellement était important — maintenant, cela se réduit souvent à un peu de monnaie symbolisant le prix de

l'animal. Dans d'autres cas, on approche la queue d'une vache du lit du mourant pour qu'il puisse y toucher. Il faut comprendre que l'Inde est une société profondément pastorale et que la vache représente les valeurs essentielles de l'ordre du monde et de la terre féconde, elle joue donc un rôle très important rituellement parlant ; d'ailleurs il fut un temps où on pensait que pour traverser le fleuve qui mène au royaume de Yama, au sud, il fallait s'agripper à une vache.

Ensuite, une fois que ces dons ont été faits, on appelle ordinairement un prêtre afin qu'il récite des textes, comme la Bhagavad-Gîtâ, comme les noms de Vishnu, auxquels le dévot s'associera s'il le peut. Tout sera fait dans le but d'orienter la personne. Ces prières et la récitation des textes sacrés sont très importantes puisqu'on croit beaucoup — peut-être est-ce à cause du développement des techniques de yoga — à la possibilité pour l'être humain de modeler son psychisme, de réorienter les traces qui se trouvent en lui-même. Enfin, le matelas sera déposé sur le sol afin que le corps puisse être en contact avec la terre. Au moment de la mort, on mettra aussi une feuille sacrée dans la bouche de la personne, une feuille de *toulsie* par exemple, qui représente la déesse associée à Vishnu. On mettra également dans la bouche une pièce de monnaie — qui devrait être en or puisque ce métal symbolise l'immortalité — et aussi de l'eau du Gange, ou une eau d'une autre rivière qu'on identifie au Gange.

Tout cela dans la bouche du mort ?
Oui, mais juste quelques gouttes, une seule feuille et un peu de monnaie. C'est important de le faire. Enfin, quand la personne est morte, on lave son corps, qu'on respecte comme une sorte de divinité, et on tourne autour de lui dans le sens des aiguilles d'une montre.

On retrouve tous ces éléments dans les rites funéraires ?
Disons que cela fait partie des choses normales qu'on ferait peut-être davantage si on était plus soucieux de toutes ces pratiques ; mais, plus on descend dans l'échelle des castes, moins on est soucieux de ces rituels.

Je crois que les cérémonies durent une dizaine de jours...
Oui, puisque l'impureté qui s'attache au corps risque de subsister assez longtemps, mais encore là, cela dépend des castes : plus la caste est pure, moins longtemps dure l'impureté. Mais il faut finalement procéder à la crémation du corps.

Avant et pendant la crémation, le corps devient une véritable offrande au dieu Agni, qui personnifie le feu. Autant le corps était au début considéré comme une divinité, pour laquelle on bannissait toute lamentation, autant, plus on se rapproche de la crémation, ne devient-il qu'une dernière offrande au dieu Agni. C'est seulement à ce moment-là que les femmes pleurent, mais elles le font à la maison, elles ne vont pas jusqu'au lieu de crémation, ordinairement situé à l'extérieur du village, au sud si possible — le sud étant la direction de la mort. Il y a cependant plusieurs lieux de crémation : il y a ceux

XVIII

De l'importance de la mort chez les philosophes

ENTRETIEN AVEC ANDRÉ COMTE-SPONVILLE

Professeur à la Sorbonne. Il a publié *Le traité du déses-poir et de la béatitude*, ainsi que *Le mythe d'Icare* et *Vivre*, aux Presses universitaires de France, collection « Perspective critique », 8ᵉ édition, 1992.

Les humains sont des vivants mortels, les autres vivants périssent. Seuls les humains meurent parce qu'ils sont capables d'assumer la mort comme mort. Ceci n'est pas seulement une destination vers laquelle ils cheminent, mais elle est le secret de leur être. Elle est la finitude qui accompagne chacun de leurs gestes ; ainsi meurent-ils continuellement aussi longtemps qu'ils séjournent sur la terre.

Martin Heidegger, « La chose », *Essais et conférences*, Gallimard, 1988.

SERGE BUREAU : *André Comte-Sponville, croyez-vous qu'il soit possible, en philosophie du moins, de concevoir l'existence sans réfléchir justement à cette finitude chez l'homme ?*
ANDRÉ COMTE-SPONVILLE : Non, ce n'est pas possible. Heidegger a bien raison, au moins là-dessus. Penser sa vie, pour l'homme, c'est aussi penser sa mort, les deux sont indissociables. On ne peut cesser de penser la mort qu'à la condition de cesser de penser la vie, dans sa vérité, puisqu'il est vrai que je vais mourir. Je ne dirais

pas que c'est la première certitude, il y en a d'autres qui la valent ; le plaisir, la joie, la vie sont aussi des certitudes, mais toutes ces certitudes, sans celle de la mort, seraient incomplètes ou illusoires.

Il est donc nécessaire d'intégrer la mort à la vie si on veut trouver son équilibre, s'épanouir ou atteindre dans une certaine mesure ce qu'on appelle la sérénité ?
Oui, sauf à s'enfermer dans ce que Pascal appelle le divertissement, c'est-à-dire qu'on peut aussi essayer d'oublier qu'on va mourir ; on peut faire semblant de ne pas mourir, et d'aucuns y parviennent assez bien. C'est déjà ce qu'évoquait Montaigne quand il disait : « Ils vont, ils courent ; de mort, nulle nouvelle. » Toute une part de notre vie se passe ainsi à oublier la mort, mais oublier la mort, c'est se mentir sur la vie ! C'est pourquoi Montaigne justement nous apprend à penser la mort, « à y penser toujours », disait-il, non pas du tout pour s'enfermer dans l'angoisse, dans la tristesse, mais au contraire pour apprendre à aimer la vie, la vie telle qu'elle est ! Or, elle est en effet mortelle, et qu'elle soit mortelle n'est pas une raison de l'aimer moins ; c'est peut-être au contraire une raison de l'aimer davantage.

Mais comment peut-on en arriver à aimer la vie et à percevoir la mort comme une chose tout à fait banale en quelque sorte ?
Est-elle vraiment banale ? La mort des autres peut-être, quoique finalement... On meurt tous les jours, oui... J'ai lu récemment qu'en France il y a 520 000 décès par an,

248 • *Aujourd'hui la mort*

ce qui rend en effet à la mort sa banalité. Pourtant, ce n'est pas tous les jours qu'on perd un être cher, ce n'est donc pas tous les jours qu'on est confronté à la mort dans sa plus grande proximité, dans sa cruauté, et a fortiori ce n'est pas tous les jours qu'on meurt soi-même. Autrement dit, la mort est à la fois statistiquement normale; humainement, affectivement rare; et individuellement tout à fait exceptionnelle! Puisqu'on ne meurt qu'une fois, et qu'on ne peut penser la mort que dans son absence, si bien que pour le vivant que vous êtes, pour le vivant que je suis, la mort n'est jamais banale! La banalité suppose l'habitude, or on ne peut pas s'habituer à mourir, puisque mort, nous ne le sommes pas encore. Si bien qu'il y a dans la mort une dimension «d'exceptionnalité», une dimension de tragédie, disons le mot, en ceci que mourir, on préférerait pas! Autrement dit, il faut aussi assumer le fait que la mort, bien loin de correspondre à notre désir, s'y oppose de front! La mort, c'est exactement ce que nous refusons parce qu'il y a sans doute en tout vivant, et cela vaut aussi pour les animaux, un attachement foncier à l'existence qui au fond est un attachement à soi. On se mentirait aussi si on voulait diluer la mort dans la banalité statistique et oublier tout ce qu'il y a de tragique dans notre existence. Toutes mes espérances, fussent-elles légitimes, si elles le sont parfois, se heurtent, malgré tout, à l'existence de fait de la mort. Et je crois qu'il faut assumer ce tragique, il faut l'accepter, et accepter qu'aucune banalité statistique ne puisse nous dispenser de mourir, nous-mêmes, dans l'exception.

Vous êtes somme toute d'accord avec Schopenhauer, à mon avis le philosophe le plus marqué par la mort, qui dit sans gêne qu'il est peu probable qu'on ait pu philosopher sans elle.

Schopenhauer, de tous les philosophes, est celui qui a pris la mort le plus au sérieux. C'est peut-être parce qu'il est l'un des premiers grands philosophes foncièrement athées, c'est-à-dire capable de prendre la mort dans sa réalité brute, sans la relativiser, sans la dissoudre dans l'espérance d'une autre vie.

Inversement, les textes de Pascal sur la mort, au demeurant sublimes, très forts et très suggestifs, ont pour but de nous convaincre que cette vie n'est qu'une vie, mais n'est pas toute la vie, ni la dernière, ni la principale. Pascal écrit dans ses *Pensées* qu'il n'est de bonheur dans cette vie que dans l'espérance d'une autre vie. Cela veut dire qu'on ne meurt pas vraiment, qu'on ne meurt pas pour de bon, et qu'ici la mort n'est pas, du point de vue de l'athée que je suis, pensée dans sa vérité ou dans sa réalité la plus grande.

Au contraire, Schopenhauer retrouve quelque chose qu'on a vu auparavant chez d'autres philosophes, notamment chez les matérialistes de l'Antiquité, mais qu'on avait un peu perdu de vue pendant environ 2000 ans d'histoire chrétienne, à savoir que la mort est un terme ultime! Que la mort est vraiment pour l'individu une fin absolue! Pour le monde, pour les vivants, tout continue! La fin de mon existence n'est évidemment pas la fin du monde, mais pour moi, si le monde continue sans moi, c'est comme s'il ne continuait pas. Si bien que Schopenhauer, en effet, nous apprend à penser toute notre existence sous cette lumière du soleil noir de la mort; il en assume l'importance, la radicalité et l'horizon de désespoir. Il me semble que dans cette radicalité, il oublie un peu le plaisir de vivre. À certains égards, il nous rappelle Épicure ou Lucrèce, qui pensaient aussi que la mort était un terme absolu, mais Lucrèce, et Épicure encore plus, nous apprennent à jouir de la vie. Je dirais de Schopenhauer ce qu'Alain disait des stoïciens, à savoir qu'à force de penser à la mort, ils n'apprennent plus assez à aimer la vie.

Ne pas baser ses concepts, ou sa philosophie, en partant de la mort...
Voilà, ne pas croire que la sagesse est une méditation de la mort. Je crois que Spinoza a raison quand il écrit dans l'*Éthique:* «La sagesse est une méditation, non de la mort, mais de la vie.» Je crois que l'essentiel se joue là. Bien sûr, méditer la vie, dans sa vérité, c'est la méditer en tant que mortel, oui, mais c'est la vie qui vaut! Il serait dangereux que la mort finisse par occulter le tout de l'existence. Si nous ne mourions pas, notre vie ne serait pas ce qu'elle est, mais si nous ne vivions pas, la mort non plus ne serait pas ce qu'elle est! La mort ne serait en vérité rien! La mort n'existe que par la vie! En ce sens, elle l'interrompt, elle la fait cesser! Mais elle ne peut pas l'abolir. Il n'y a de mort que parce qu'il y a du vivant.

Iriez-vous jusqu'à dire qu'il y a les philosophes de la mort et les philosophes de la vie? Opposons par exemple Spinoza à Kierkegaard.

Il faut comprendre que les philosophes de la mort sont le plus souvent des philosophes religieux. Platon nous dit que philosopher, c'est apprendre à mourir, et il le pense dans un sens très radical puisque cela veut dire dans son esprit que les vrais philosophes sont déjà morts. Autrement dit, la vérité face à face, qui est le désir du philosophe, nous ne la verrons qu'après la mort. Et si philosopher, c'est pour Platon apprendre à mourir, c'est parce que philosopher, c'est s'installer dès cette vie dans la situation qui sera la nôtre quand nous serons morts, à savoir la séparation entre l'âme et le corps. De même chez Pascal, de même chez Kierkegaard. Si ce sont des philosophes de la mort, c'est parce que ce sont au fond des philosophes de la foi, des philosophes de l'espérance en une autre vie. Cette position évidemment ne se réfute pas, simplement ce n'est pas la mienne! Il me semble aussi que c'est de moins en moins celle de notre époque, c'est de moins en moins le type de spiritualité dont notre époque a besoin. Nous vivons une période historique très neuve à certains égards et notre société, déjà fortement déchristianisée, est peut-être la première dans l'histoire de l'humanité à considérer la mort en tant que telle, à l'assumer dans sa réalité la plus brute, c'est-à-dire comme la cessation de la vie, sans espérance.

Chez les matérialistes de l'Antiquité, chez Épicure et Lucrèce par exemple, on trouvait des pensées de la mort comme cessation radicale de la vie, mais c'étaient des pensées philosophiques qui ne concernaient que quelques individus, ce n'étaient pas des phénomènes de société. Dans l'horizon de notre temps, cela crée une dimension de désespoir tout à fait neuve, difficile à vivre, certes, mais qui est notre lot. Nous n'en sortirons pas, me semble-t-il, par le divertissement, par l'illusion, nous n'en sortirons pas par un retour à la religion non plus. Bien sûr, chacun est libre de croire en Dieu s'il le souhaite, mais il ne me semble pas que, socialement, on puisse revenir en arrière, je ne crois pas du tout à une «réévangélisation» de l'Europe ou de l'Occident, pour reprendre l'expression de Jean-Paul II. Je ne crois pas que nous reviendrons à l'Occident chrétien; je crois que quelque chose de décisif s'est passé, et que ce quelque chose est justement l'entrée en scène de la mort, non pas comme passage, mais comme terme.

Faites-vous partie des penseurs qui, comme Socrate, peuvent regarder la mort sans angoisse?
Comme penseur, à la limite, ce ne serait pas si difficile; mais comme vivant, comme individu, c'est une autre affaire! Autrement dit, je suis comme tout le monde, je préférerais ne pas mourir, et la mort, d'une certaine manière, m'angoisse. Cela dit, ce n'est pas ma mort qui m'angoisse le plus; le père de famille que je suis constate bien souvent que la mort possible de ses enfants, surtout jeunes, est infiniment plus angoissante que la sienne propre. C'est peut-être ce que m'a appris la paternité, mais il me semble que c'est quelque chose qu'on apprend dans le cours de la vie; apprendre à accepter sa propre mort, c'est aussi un bénéfice de l'âge, mais c'est une tout autre affaire que d'accepter la mort des autres, spécialement celle de nos proches les plus chers, et encore plus

celle des enfants... surtout si ce sont les nôtres, évidemment.

Ainsi, dans l'expérience du deuil, il y a une dimension de souffrance, d'atrocité, qu'il ne faut pas escamoter. C'est pourquoi cette sérénité de Socrate face à sa propre mort, du moins si l'on se fie au témoignage de Platon, est une sérénité fondée sur ce qu'il appelle une belle espérance, et la belle espérance de Socrate, c'est justement qu'il y ait une autre vie après la mort. Et qui dit espérance, dit crainte! C'est la grande formule de Spinoza. Mais il n'y a pas de crainte sans espoir. Autrement dit, si vous espérez ressusciter, vous avez peur de ne pas ressusciter! Si bien que finalement, ce que la religion diffuse dans la société et dans les individus, c'est de l'espérance, oui, mais c'est aussi, par là même, de l'angoisse.

J'y pensais il y a quelques semaines. Je me trouvais à un concert et j'écoutais le *Requiem allemand* de Brahms. Et j'étais frappé par le fait que ce fort beau requiem est l'un des plus sereins que nous ayons. J'étais frappé par une certaine ressemblance d'esprit avec le *Requiem* de Fauré, qui est très différent puisque celui de Brahms est monumental, tandis que celui de Fauré est une berceuse à la mort, comme il disait, et relève presque de la musique de chambre. Musicalement, ces deux requiem sont très différents. Spirituellement et affectivement, quelque chose les rapproche, qui est justement une forme de sérénité face à l'acceptation de la mort. Et me faisant à moi-même cette réflexion, j'étais frappé par le fait que, parmi tous les compositeurs de requiem,

Brahms et Fauré sont les moins religieux qui soient, puisque Brahms était un libre penseur total, tandis que Fauré était à peu près athée.

L'immortalité est une chose, l'éternité en est une autre... Vous dites justement dans un entretien avec Patrick Viguetti* que l'éternité est notre lieu à tous, c'est-à-dire qu'on peut y croire sans être croyant, du moins dans le sens religieux du terme. Éternité n'est donc pas pour vous synonyme de vie après la mort?
Non, l'éternité n'est pas un temps infini. C'est d'ailleurs l'une des croix de toutes les pensées religieuses que la pensée de l'éternité, parce que si l'éternité était un temps infini, qu'est-ce que ça serait ennuyeux! Comme dit Woody Allen: «L'éternité, c'est très long, surtout vers la fin!» En effet, imaginez le paradis s'il devait durer toujours. Si le paradis devait durer toujours, soyons clairs, ce serait l'enfer! Les philosophes croyants les plus profonds, à commencer par saint Augustin, au demeurant un génie immense, ont bien vu que l'éternité n'est pas un temps infini. L'éternité, c'est l'absence de temps. Selon saint Augustin, «c'est un présent qui reste présent». L'éternité, c'est le toujours présent, c'est ce qu'il appelle «le perpétuel aujourd'hui de Dieu». Si on accepte cette définition, et pour ma part je l'accepte, il est clair que l'éternité, nous ne l'avons jamais quittée! Si l'éternité est un perpé-

---

* André Comte-Sponville, *L'Amour La Solitude, Entretien avec Patrick Viguetti, Judith Brouste, Charles Juliet*, Vénissieux, Édition D'Aube, 3ᵉ édition, 1993.

tuel aujourd'hui, quel jour avez-vous vécu qui n'ait pas
été un aujourd'hui? Hier, quand vous étiez vivants,
c'était aujourd'hui. Demain, si nous sommes encore
vivants, ce sera un autre aujourd'hui! Autrement dit,
nous n'avons vécu, nous ne vivrons que des aujourd'hui!
Nous ne vivons par définition que du présent. Wittgens-
tein a raison quand il écrit: «Si l'éternité c'est l'absence
de temps, alors celui-là vit éternellement qui vit dans le
présent.» Nous sommes dans l'éternité, mais nous en
sommes séparés par la nostalgie et l'espérance. Libérons-
nous de la nostalgie, libérons-nous de l'espérance, habi-
tons le pur présent du réel et de la vie, et nous habiterons
l'éternité.

Vous n'êtes pas d'accord pour dire que le suicide est un
résultat du désespoir?
Non, bien sûr. Enfin tout dépend de quel désespoir, mais
disons que le désespoir, au sens où je le prends comme
concept philosophique, n'est ni la tristesse, ni l'angoisse,
ni la dépression du suicidaire par exemple. D'ailleurs, s'il
se suicide, c'est qu'il espère la mort. La mort est son
espérance, mais c'est une espérance malgré tout. Si j'en
suis venu à parler du désespoir, c'est que j'ai été frappé
par la profonde vérité de la formule de Pascal: «Ainsi
nous ne vivons jamais, mais nous espérons de vivre, si
bien que nous disposant toujours à être heureux, il est
inévitable que nous ne le soyons jamais.» Voilà ce que
dit Pascal. Autrement dit, nous sommes séparés du bonheur par l'espérance du bonheur. On retrouve à nouveau
Woody Allen qui dit: «Qu'est-ce que je serais heureux si

j'étais heureux!» Il ne l'est donc jamais puisqu'il espère toujours le devenir! Donc, nous ne pourrons être heureux qu'à la condition d'accepter la vie telle qu'elle est. Au contraire, la plupart des gens qui se suicident le font par déception. C'est d'ailleurs ce que m'a écrit un psychanalyste peu de temps après la parution de mon premier livre. Il me disait qu'il était parfaitement d'accord avec moi pour considérer le désespoir comme un gai désespoir, pour reprendre une expression que j'ai parfois utilisée, «parce que, ajoutait-il, en tant que thérapeute et psychanalyste, je constate que les gens se suicident par déception.» Or, il n'y a déception que parce qu'il y a espérance! Beaucoup de gens, constatant que la vie ne répond pas à leurs espérances, en concluent que c'est la vie qui a tort, et s'enferment ainsi, vivants, dans l'amertume et le ressentiment, d'où parfois le suicide, d'où souvent la tristesse. Mon point de vue est autre; c'est de me dire que si la vie ne correspond pas à nos espérances, ce n'est pas forcément la vie qui a tort. D'ailleurs, quel sens y aurait-il à imaginer que la vie ait tort? La vie fait ce qu'elle peut, toujours. Non, ce n'est pas forcément la vie qui a tort, ce sont peut-être nos espérances qui, dès le départ, sont infondées.

Est-ce une idée qui rejoint cette positivité qu'on retrouve par exemple dans la société américaine, où les malheurs font grandir, où justement par rapport à la mort, accompagner un mourant nous permet de croître?

À condition que ce ne soit pas au prix de la dénégation et du divertissement. Que ce ne soit pas au prix de la dénégation, c'est-à-dire ne faisons pas comme si la vie était toujours belle, comme si tout allait bien. Si vous entendez par esprit positif la « méthode Coué qui consiste à se convaincre que tout va bien ! Que la vie est merveilleuse ! Que je suis un type formidable et que tout le monde est gentil...

C'est un peu agaçant !
C'est clairement agaçant ! C'est de l'illusion ! De la dénégation ! La vie est aussi atroce. Elle est difficile parce qu'on meurt, mais aussi parce qu'on souffre, et qu'on souffre injustement. Il y a des enfants qui se tordent de douleur en ce moment sur tel ou tel lit d'hôpital. Il ne s'agit pas d'oublier ça ! Il s'agit d'assumer, là encore, la dimension tragique de l'existence. « Tout est douleur », disait le Bouddha, et c'est vrai qu'il n'y a pas de vie sans douleur. De même, l'esprit positif n'est pas le mien, si on entend par là le divertissement, c'est-à-dire prétendre enjoliver et améliorer la vie en en rajoutant toujours sur le confort matériel, sur la richesse, sur la jouissance des biens matériels. Le philosophe matérialiste que je suis au sens philosophique — je pense que tout est matière, que je ne suis qu'un corps — n'est pas dupe pourtant des plaisirs matériels. Il ne s'agit pas de consommer de plus en plus, de manger de plus en plus, d'avoir une piscine, deux voitures, que sais-je ? Il s'agit de vivre, simplement. Or dans la vie, Épicure, grand philosophe matérialiste, nous apprend que les plaisirs spirituels sont supérieurs aux plaisirs matériels. L'important quand on mange avec un ami, ce n'est pas de savoir ce qu'on mange, c'est de

savoir avec qui l'on mange. C'est ce qui se passe entre lui et moi qui est important.

Pourquoi la réincarnation prend-elle autant d'importance de nos jours?

J'avoue que la reviviscence de cette croyance en la réincarnation ne laisse de me surprendre, et en vérité pour deux raisons. La première, pour tout vous dire, c'est que je la trouve un peu saugrenue. Qu'un hindou croie en la réincarnation, au fond, c'est sa culture et je ne le lui reproche pas. Qu'un jeune Français ou un jeune Canadien se mette à y croire, alors que dans sa culture ça n'a jamais été une croyance de masse, c'est plus étonnant! Et surtout, je constate que cette croyance en la réincarnation, qui se fait souvent au nom de l'influence des religions orientales, effectue un contresens massif sur ces mêmes religions.

Ce qu'on voit en Orient, et spécialement dans ce que j'appelle l'orient de l'Orient, c'est-à-dire le bouddhisme, qui est de ce point de vue sans doute la religion orientale la plus radicale et la plus différente des nôtres, c'est que la réincarnation, loin d'être une espérance, est au contraire, pour le Bouddha, l'objet d'un accablement. Il ne s'agit pas de se dire: «Chic! je vais me réincarner!» Il s'agit au contraire de le déplorer: «Zut! et dire qu'il va falloir se réincarner, qu'il va falloir recommencer.» Autrement dit, ce dont il s'agit pour le Bouddha, c'est de se libérer de ce cycle des réincarnations, parce que renaître, c'est renaître pour la douleur, puisque toute vie est douleur; si bien que le Bouddha, lors de son dernier discours, annonce à ses disciples la bonne nouvelle : « Ceci est ma dernière naissance, je ne me réincarnerai plus ». Donc, la réincarnation en Orient, c'est plutôt une damnation ! Et on veut en faire en Occident un salut.

Vous semble-t-il possible qu'un jour nous n'ayons plus à penser à la mort, non pas parce que nous serons abrutis, mais plutôt parce que nous aurons atteint une certaine sagesse, une certaine sérénité ?
Si vous entendez par « nous » nos sociétés, cela me paraît parfaitement impossible. Il n'y a pas, il n'y a jamais eu, il n'y aura jamais de société de sages ! Par contre, si vous entendez par « nous » tel ou tel individu, vous, moi, n'importe qui, c'est possible, je dirais dans le meilleur des cas. Et je crois en effet que le sage se reconnaît à ceci qu'il accepte pleinement la mort. Montaigne disait : « Je veux qu'on agisse et qu'on augmente les offices de la vie autant qu'on peut, et que la mort me trouve plantant mes choux, mais nonchalant d'elle et plus encore de mon jardin imparfait ».

Eh bien, cette nonchalance de Montaigne vis-à-vis de la mort, c'est la sagesse même. Et voyez que cette nonchalance n'est pas du tout le divertissement ni la dénégation ! Montaigne n'oublie pas qu'il va mourir, Montaigne ne fait pas semblant de ne pas mourir, mais il accepte l'idée de sa propre mort et c'est pourquoi il peut être vis-à-vis d'elle nonchalant, comme il dit, ce qui lui permet d'aimer la vie. Personnellement, j'aime la vie et c'est presque le dernier mot des *Essais*, et je crois que la sagesse est là : aimer la vie telle qu'elle est, autrement dit l'aimer mortelle, en n'oubliant pas que c'est la vie qui vaut, et qu'elle vaut d'autant plus qu'elle ne durera pas toujours.

XIX

Propos intimes sur la mort

ENTRETIEN AVEC ANDRÉ BERNIER

On cache la mort comme si elle était honteuse et sale. On ne voit en elle qu'horreur, absurdité, souffrance inutile et pénible, scandale insupportable, alors qu'elle est le moment culminant de notre vie, son couronnement, ce qui lui confère sens et valeur. Elle n'en demeure pas moins un immense mystère, un grand point d'interrogation que nous portons au plus intime de nous-mêmes.

Marie de Hennezel, *La mort intime*, collection «Aider la vie», Paris, Robert Laffont, 1995.

SERGE BUREAU: *André Bernier, dans quelles circonstances avez-vous appris que vos jours étaient comptés?*
ANDRÉ BERNIER: Je l'ai su lorsque mon ami a lui-même appris qu'il avait la maladie. J'ai tout de suite décidé d'aller passer un test; mais comme c'était très difficle pour lui de vivre avec cette nouvelle, j'ai comme balayé ma propre réalité sous le tapis.

Vous avez fait abstraction de ce qui vous concernait afin d'accompagner votre ami?

Exactement, parce que la maladie était plus avancée chez lui, et qu'il était peut-être plus émotif que moi; je me suis dit: «Bon, eh bien, on verra au jour le jour.»

Vous demeuriez quand même conscient de la situation?
Conscient, oui. C'est un tremblement de terre d'apprendre qu'on est décompté, mais en même temps je me dis toujours que c'est entre les deux oreilles que ça se passe, c'est-à-dire que si vous jetez la serviette, c'est fini. Le moral est une des choses les plus importantes dans ce processus-là, et je pense que c'est la même chose pour les gens atteints d'un cancer: ceux qui sont très positifs, qui se battent et qui se disent «Moi, on ne m'aura pas» sont ceux qui survivent et qui vivent bien.

Vous êtes en instance.
Oui! Tout à fait! et je suis même prêt à partir. L'année dernière j'y ai échappé de justesse, je suis passé à deux cheveux de la mort! J'ai fait une pneumonie et on m'a retourné chez moi trop tôt — c'était le début du virage ambulatoire. On m'a donné des médicaments, puis je me suis ramassé chez moi avec des problèmes extrêmement graves. Si j'avais attendu deux jours de plus, j'étais mort. Je suis arrivé à l'hôpital et je me disais: «Bon, c'est ce soir que ça se passe... Je meurs ce soir. J'en ai pour quatre heures et puis c'est fini!» J'en ris, mais j'étais convaincu, et tous les gens que je rencontre cette année n'en reviennent pas de voir le cheminement que j'ai fait depuis; tout le monde disait, mais pas devant moi naturellement: «Il ne se rendra pas à Noël l'an prochain.»

Étiez-vous seul au moment où vous aviez cette impression qu'il ne vous restait que quelques heures à vivre?

Oui, j'étais seul; on m'avait accompagné jusqu'à l'urgence mais on m'y a laissé tout seul, et j'ai passé six heures sur une petite chaise droite à attendre et à me dire: «C'est terminé, c'est fini.»

Être seul à ce moment-là, était-ce un choix?

Je suis solitaire de nature, alors je n'ai jamais eu peur d'être seul.

Pensez-vous qu'il soit plus facile de vivre ces derniers moments lorsqu'on est solitaire?

J'ai tellement enterré de personnes depuis quelques années! Ça, je pense que c'est une force; oui, j'ai l'impression qu'il faut être un peu solitaire... On fait le ménage autour de soi quand on apprend que ses jours sont comptés; il y a beaucoup de gens qu'on met de côté. Les gens trop négatifs, les gens trop grugeurs d'énergie, on les tasse, on fait vraiment un choix très limité des personnes qui nous entourent, en tout cas c'est ce que j'ai fait, et j'en suis très heureux.

Vous avez enterré beaucoup de gens, cela signifie-t-il que la mort devient quelque chose de quotidien, de banal?

Presque. Je ne dirais pas banal, mais presque quotidien. Il y a aussi une espèce de culte de la mort dans le milieu du sida; à un certain moment les uns enterraient les autres: il y avait le service funéraire, puis la pose du ruban dans le Parc l'espoir au coin de Sainte-Catherine et Panet, dédié aux gens décédés du sida au Québec. Moi, j'en ai un peu contre cette espèce de culte ; je crois qu'il ne faut pas s'y complaire ; on perd trop de gens autour de soi. J'ai pleuré beaucoup au début, maintenant je ne pleure plus. Quand il y en a un qui s'en va, je vais allumer une bougie, et je la laisse brûler ; je me dis : « Bon, maintenant il est délivré, il ne souffre plus. »

Est-ce qu'il vous a fallu du temps pour accepter le verdict ?
Je dis toujours que ma valise est prête. Ça ne me dérange pas de partir demain, ce soir, maintenant je suis tout à fait prêt. Il y a aussi une question d'âge ; j'ai cinquante ans, j'ai pu me réaliser. Quand je vois des gens mourir à vingt ans, je trouve cela effrayant, parce qu'à cet âge on a des projets. Ces personnes-là sont foudroyées dans leur élan alors que moi, j'ai pu me réaliser, et comme je n'ai plus rien à prouver, je me dis : « J'ai été gâté par la vie. J'ai voyagé, j'ai travaillé ; j'ai vraiment été choyé. Alors, merci la vie... puis on verra pour le reste. »

C'est rare qu'on puisse dire : « Je me suis réalisé. Je suis satisfait de la vie que j'ai eue, de ce que j'ai fait. »...
Je pense aussi que j'ai appris à mourir très jeune ! J'avais un bon métier, j'étais très gâté ; et tout d'un coup ça s'est arrêté, il y a eu un changement d'emploi... Donc, dans un sens c'était une forme de mort, et j'ai dû apprendre à vivre avec ça. Après j'ai vraiment côtoyé la mort... mon père est mort d'un cancer. Mes grands-parents sont morts avant lui, mais de vieillesse, tandis que mon père est mort à soixante ans, ce qui est relativement jeune.

Avez-vous l'impression qu'il est plus facile de vivre sa mort si on a connu la mort des parents, des grands-parents?
Je ne sais pas, mais je pense que savoir qu'on va mourir demain est un avantage sur le commun des mortels qui se croient immortels. Les gens se croient immortels. Ça me donne un avantage: lorsque je regarde une fleur ou le soleil, ou je ne sais quoi, je n'ai pas le temps de me poser toutes sortes de questions et de faire des études; c'est beau: c'est beau; ça me touche: ça me touche; ça ne me touche pas: eh bien ça ne me touche pas. J'ai l'impression qu'il y a une urgence de vivre et c'est bien.

J'imagine d'ailleurs que vous êtes embêté ou même agressé parfois par les gens qui se plaignent pour des choses que vous considérez...
Banales! Oui, tout à fait! Quand je vois quelqu'un gueuler dans une file d'attente parce qu'un autre est passé devant lui, je trouve cela futile et je me dis: « Moi, je n'ai plus de temps pour ça. » Je sais que mes jours sont comptés, et je me dis qu'il vaut mieux profiter de la vie au maximum.

Croyez-vous qu'on meurt comme on a vécu?
Je pense que oui; si on a chialé toute sa vie, on meurt en chialant, et si on a pleuré toute sa vie, c'est la même chose... oui. Moi, je retrouve l'enfant que j'étais; d'après ce que dit ma mère j'étais un enfant très sage! C'est vrai, j'étais un enfant sage et serein et je pense que j'ai retrouvé cet état d'esprit, cet équilibre-là que j'avais perdu un peu plus jeune. Quand j'avais vingt ou trente

ans, j'ai brassé la cage pas mal, j'étais pas mal fou, mais quand j'étais enfant, j'étais docile et très gentil, gentil-gentil !... et je crois que j'ai retrouvé cette espèce de gentillesse... c'est ça.

Croyez-vous que les gens qui vous entourent peuvent comprendre ce que vous vivez maintenant ?
Oui, mais c'est très difficile. C'est plus difficile pour les gens qui nous entourent que pour nous-mêmes. Dans ma famille il y a eu un long cheminement ; comparativement à l'année dernière, c'est le jour et la nuit. L'année dernière c'était la nuit, la révolte, la non-acceptation... C'est tabou aussi comme maladie...

Je viens d'une petite ville, d'un milieu ou tout le monde se connaît. J'ai voulu retourner vivre là-bas, mais on m'a plus ou moins exclu. Après, j'ai compris qu'au lieu de me refermer sur moi-même, il fallait que j'aide ma famille à faire un cheminement ; et cette année je me rends compte que les gens qui m'entourent, les gens de ma famille et les autres, se sont rapprochés de moi, ils comprennent maintenant ce que je vis.

Vous avez choisi un lieu particulier pour vivre le temps qu'il vous reste...
Oui, j'ai choisi un lieu particulier, parce que c'est aussi comme une famille qu'on se choisit, une famille inventée. J'ai décidé d'essayer de vivre dans une maison d'hébergement, et je trouve que c'est très bien.

Dans quel type de maison vivez-vous actuellement ?

C'est une maison où il y a huit personnes atteintes. Chacun a son studio, sa salle de bain, et on partage une cuisine à deux personnes ; c'est très bien comme ça. Il y a un centre de jour où les gens se rencontrent et peuvent échanger sur la maladie ou sur toutes sortes d'autres sujets.

Pourquoi acceptez-vous de parler de votre mort annoncée ?
Parce que je trouve qu'il faut sortir de la garde-robe. J'ai moi-même longtemps voulu me cacher. C'était tabou. Quand mon ami est décédé, sa famille m'a dit : « Fais-le enterrer à Montréal. » Ils ne voulaient pas qu'il soit inhumé dans leur village, même si son nom était déjà inscrit sur le monument de la famille ; je leur ai dit : « Ce n'est pas marqué "sida" sur la boîte. » Alors, je pense qu'il faut bousculer les gens, les tabous, dire les choses. Quand je vois des gens qui se cachent de ça, je me dis qu'il faut faire quelque chose. J'ai vu beaucoup d'injustices.

Avez-vous un cheminement spirituel ?
Oui. Je n'avais plus la foi, mais elle m'est revenue lorsque mon ami est décédé ; elle m'est revenue comme quelque chose qui nous tombe sur la tête, tout d'un coup. Je ne sais pas prier, ou pas beaucoup, mais j'ai la foi, oui.

Comment expliquez-vous ce phénomène assez fréquent d'un retour à la foi à partir du moment où l'on sait qu'il nous reste peu de temps à vivre ?
On s'accroche à quelque chose. La foi, c'est l'espérance d'être bien, de vivre ; c'est peut-être l'explication de ce

retour, je ne sais pas. La foi, c'est énorme. Quand on sait que la mort s'en vient, on apprend à pardonner, on nivelle, il y a des choses qu'on veut régler; on le fait pour les biens matériels, alors je pense qu'il faut le faire pour l'intérieur aussi.

C'est ce que vous faites actuellement?
Oui. Je suis prêt à partir! Mais je me dis en même temps qu'ils ne m'auront pas, que je serai peut-être le premier à m'en sortir. Peut-être qu'en 2012 je dirai: «Te rappelles-tu, en 1995, quand j'avais le sida?» Je suis un peu comme ça.

Donc il reste toujours un espoir. On n'arrive jamais à un moment où on se dit: «Je vais mourir, point».
Oui, c'est ça. Je sais que je vais mourir, comme tout le monde. Mais quand j'ai renouvelé ma carte d'assurance-maladie, je me suis dit: «Je suis bon jusqu'en 2001.» On se prépare, on est prêt, et en même temps on repousse les limites le plus possible. J'ai des amis qui une semaine sont très bien, et la semaine suivante sont morts; alors ça peut m'arriver aussi, peut-être. Je pense avoir un très bon moral; je suis serein et je m'occupe beaucoup. Le secret, c'est aussi de s'occuper énormément et de ne pas avoir peur de lire sur la mort. Je ne me complais pas là-dedans, je lis très peu sur le sida, mais les choses qui parlent de la mort et qui m'intéressent, je vais les lire, je n'ai pas de tabou vis-à-vis de ça.

Vous arrive-t-il d'imaginer vos derniers moments?

Oui.

Et ça ressemble à quoi ?
Un souffle... et c'est fini.

Y a-t-il des choses qui vous font peur ?
Aucune, non. Pas du tout. Le dernier livre de Marie-
Claire Blais parle de l'*Ode à la joie*... puis la semaine
dernière j'étais à un enterrement qui se terminait avec
l'*Hymne à la joie* ; alors je me dis : «Bon, eh bien, il me
semble que ce sera facile, que ce sera très bien.»

Il y a quand même des moments d'angoisse ?
Oui.

Et qu'est-ce qui vous réconforte le plus dans ces moments ?
Un beau texte me touche beaucoup. Un beau texte, une
œuvre d'art me touchent, c'est comme un cadeau. Une
belle journée. Cela faisait vingt-cinq ans que je n'avais
pas patiné, alors j'y suis retourné cette année. J'essaie de
me gâter le plus possible, comme si je me disais : «Maintenant, c'est ta fête et c'est Noël tous les jours, tout le
temps, jusqu'à la fin.»

On dit que l'une des choses les plus difficiles est de ne pas
pouvoir parler de sa mort avec les autres.
Ça dérangeait beaucoup ma mère l'année dernière ; elle
me disait : «On ne parle pas de ça... Je ne veux pas qu'on
en parle.» Quand mon père avait un cancer, je voulais
lui parler, il le savait, mais on n'en parlait qu'entre les
lignes. Dans ma famille, il y avait un consensus : il ne

non, ne pas laisser de trace ne me dérange pas ; parce que finalement, si la planète saute, Bach, Beethoven et Mozart sautent aussi ! Alors je me dis : « Bof ! Moi, là-dedans, c'est tellement petit... » Je n'ai peut-être pas un ego assez fort, je ne sais pas, mais ça ne me dérange pas. Ce que je veux, c'est que les gens se souviennent de moi comme d'une personne joyeuse, sereine, qui était bien, qui était gentille, et c'est tout. Le reste n'importe pas beaucoup.

Pensez-vous à l'au-delà ?
Oui.

À l'après-mort ?
Oui, mais je ne sais pas si cela existe. Je crois à la communion des saints, par exemple. Je sens autour de moi les gens qui sont partis. Ceux que j'ai aimés vraiment, je les sens autour de moi ; sauf que personne n'est venu me dire : « Bon, je suis sur le nuage numéro 32 et je t'attends ! » Alors, je ne sais pas. Peut-être qu'il n'y a rien après.

Je vous laisse terminer ; si vous avez envie de dire quelque chose, c'est à vous...
J'ai un ami qui est parti il y a un mois et qui jusqu'à la fin brassait la cage. Il avait les moyens d'aller voir tout ce qui se faisait comme spectacle, comme film et tout, et il me disait un jour : « Il faut vivre quand on est vivant » et je trouvais cela très beau. Je pense qu'il faut vivre quand on est vivant, et quand le passage arrive — parce que pour moi la mort est un passage — on prend le tournant, et ça se fait très bien. Il n'y a pas de problème là.

XX

La vie après la mort

RENCONTRE AVEC PATRICE VAN EERSEL

Entretien avec le journaliste Patrice van Eersel, auteur du livre *La Source noire : révélations aux portes de la mort*, publié chez Grasset en 1986.

Psychiatres, cardiologues, chirurgiens, biologistes et physiciens dans les laboratoires les plus sophistiqués des États-Unis, de Grande-Bretagne, de France, mais encore en Inde et partout dans le monde, analysent, sondent, interrogent la mort ou du moins ceux qui ont frôlé la mort, collectionnent leurs récits, examinent leurs témoignages, confrontent leurs expériences et l'on découvre que la mort cacherait une clarté à l'éblouissante beauté, pleine de vie, pourrait-on dire. La Source noire, c'est une nouvelle approche de la vie, de la connaissance, de la mémoire...

Patrice van Eersel, *La Source noire : révélations aux portes de la mort*, Grasset, 1982.

SERGE BUREAU : *Voilà ce qu'on peut lire en regardant la toute première page de votre livre,* La Source noire. *Cet extrait se termine par des points de suspension, et j'ai presque envie de dire qu'après ces points, on aurait pu ajouter : « Voici une nouvelle religion, la vie après la mort. »*

PATRICE VAN EERSEL : Une religion très ancienne... Quelle religion, quelle tradition ésotérique, quelle grande tradition spirituelle n'a pas un discours sur la vie après la mort ? Je lisais récemment un magazine chrétien qui disait : « En fait, tout ce mouvement *New Age*, auquel la redécouverte de l'accompagnement des mourants appartient bel et bien, n'est-il pas une sorte de religion ? » Là, en l'occurrence, les chrétiens faisaient un peu du pied en disant : « Mais finalement nous ne sommes pas si différents ! Entre tous ces mouvements un peu sauvages qui naissent en ce moment et le christianisme, il y a toutes sortes de passerelles ». Et on sentait qu'il y avait une proposition de conciliation.

Vous admettrez sans doute qu'il existe encore une grande part de scepticisme chez beaucoup de nos contemporains, face à ces révélations.
J'étais parti pour un reportage sur une déclaration faite par des psychiatres américains de Los Angeles au sujet de toutes ces visions proches de la mort dont on entendait parler mais qui, pour moi, relevaient plutôt de la presse à scandale. Mon approche était sceptique. Je voyais là un sujet un peu scabreux qu'en tant que chroniqueur scientifique de la fin des années 1970, je me serais bien gardé d'aller étudier. Mais voilà qu'on avait enfin une explication scientifique : c'était la neurochimie. Au moment de mourir, on aurait tous une surdose intérieure, endogène, provoquant des hallucinations, tout simplement ! On aurait donc un très beau trip final ! Et c'est sur cette base que j'ai convaincu la rédaction du journal *Actuel* de

m'envoyer aux Étas-Unis. On se disait que probablement même les grandes visions de sainte Thérèse d'Avila, comme tous les grands états mystiques connus...

...auraient été provoquées par cette surdose...
...ou par une production de drogues intérieures! De manière assez iconoclaste, on trouvait cela intéressant et drôle, on s'en moquait! Et je suis parti faire un reportage moqueur. Et je me suis retrouvé face à des gens comme le psychologue Ronald Ztiegel, un grand monsieur connu, professeur d'université, expert auprès des tribunaux américains en matière de drogue, mais qui, malheureusement pour moi, n'avait à l'époque jamais approché un seul cas réel de personne à l'agonie qui en était sortie *in extremis*. Je lui ai dit: «Vous avez annoncé que vous aviez fait cette découverte... et en vérité ce n'était qu'une hypothèse?» J'ai trouvé son attitude bizarre à ce moment-là et j'ai ajouté: «C'est curieux... on dirait que vous êtes un peu sur la défensive.»

Tentez-vous de me dire par là qu'il avait pour mission de freiner les recherches?
Vous m'avez demandé si j'admettais qu'on puisse être sceptique, et je vous dis que je suis parti sceptique! C'était la première fois, du moins pour moi, qu'un comportement irrationnel venait de la part de gens censés défendre le scepticisme et le rationnel, en l'occurrence ce psychologue Ronald Ztiegel qui dirigeait toute une équipe de chercheurs, qui semblait effrayé et disait: «Il faut arrêter là! C'est un mouvement obscurantiste!» Je

lui ai demandé : « De quoi parlez-vous exactement ? L'élite scientifique américaine est en train de basculer dans l'obscurantisme ?

— Oui... Une partie de l'élite, me dit-il.

— Voilà un sujet de reportage ! Et est-ce que vous pouvez me citer des noms de scientifiques américains qui sont en train de sombrer dans l'obscurantisme ?

— Bien sûr !... Il y a la folle totale qui s'appelle Elisabeth Kübler-Ross !... Il y a évidemment le Dr Raymond Moody, qui est fou à lier. Il y a des gens très dangereux ! »

Et il m'a donné une liste d'une quinzaine de noms... Je suis allé dans cinq ou six États américains, dans les hôpitaux psychiatriques, sur les campus universitaires, dans des laboratoires de recherche, et je suis tombé sur des chercheurs comme je les imaginais dans mon idéal, c'est-à-dire des gens qui disaient : « Mais oui, il y a un phénomène étrange, qui n'est pas du tout rare, qui s'appelle la NDE, la *Near Death Experience*. Du fait de l'amélioration des technologies médicales, on réanime de plus en plus de gens qui normalement auraient dû mourir, on les ramène à la vie et c'est une première dans l'histoire. »

Ce phénomène est constaté depuis toujours dans l'humanité ! Platon en parle, toutes les grandes traditions parlent de ce qu'on appelle aujourd'hui la NDE. C'était cependant très rare à l'époque, c'était très rare que quelqu'un de presque mort, au point où son cœur était arrêté, revienne et raconte une histoire fabuleuse. Aujourd'hui, et c'est un paradoxe que je trouve très défendant, dans une histoire dont je me suis aperçu au bout d'un moment qu'elle était l'acte 2 d'une grande pièce de théâtre, que je considère très importante pour la suite de l'histoire humaine, de la civilisation occidentale en tout cas... Et cet acte 2 dans lequel j'étais tombé, était un acte masculin, parce que tous les gens dont je viens de vous parler sont pour la plupart des hommes, des hommes très spéculatifs ! Ils élaborent des hypothèses, établissent des statistiques... et pour eux c'est ludique ! C'est-à-dire que ces hommes (en dehors du premier dont je vous ai dit qu'il était très effrayé) s'amusent comme des fous ! Or au bout d'un moment on se rend compte que tous ces gens-là font plus ou moins directement allusion à quelque chose qui est venu avant eux, et que j'appelle l'acte 1.

D'abord, cet acte 1 vient d'Amérique. Il est féminin et n'est pas du tout spéculatif, théorique ou mental ; il est complètement compassionnel et pratique. Il n'est pas ludique, mais caritatif, et il se joue sur le terrain, là où l'on meurt vraiment : dans les hôpitaux, dans les mouroirs, dans les hospices. Quand on remonte à l'origine de cet acte 1, on s'aperçoit avec émotion que cela démarre à la Seconde Guerre mondiale... et que c'est comme un séisme dont l'épicentre serait les camps de concentration. À ce moment-là, tout le reste, les NDE, les professeurs plus ou moins fous dans les laboratoires, qu'ils soient pour ou contre, paraissent un peu dérisoires.

Ce que j'essaie d'expliquer dans mon livre, c'est que j'ai été attiré par l'acte 2, mais que très rapidement je me suis incliné devant l'acte 1, qui est la redécouverte de l'art lui ai demandé : « De quoi parlez-vous exactement ? L'élite scientifique américaine est en train de basculer dans l'obscurantisme ?

— Oui... Une partie de l'élite, me dit-il.

— Voilà un sujet de reportage ! Et est-ce que vous pouvez me citer des noms de scientifiques américains qui sont en train de sombrer dans l'obscurantisme ?

— Bien sûr !... Il y a la folle totale qui s'appelle Elisabeth Kübler-Ross !... Il y a évidemment le Dr Raymond Moody, qui est fou à lier. Il y a des gens très dangereux ! »

Et il m'a donné une liste d'une quinzaine de noms... Je suis allé dans cinq ou six États américains, dans les hôpitaux psychiatriques, sur les campus universitaires, dans des laboratoires de recherche, et je suis tombé sur des chercheurs comme je les imaginais dans mon idéal, c'est-à-dire des gens qui disaient : « Mais oui, il y a un phénomène étrange, qui n'est pas du tout rare, qui s'appelle la NDE, la *Near Death Experience*. Du fait de l'amélioration des technologies médicales, on réanime de plus en plus de gens qui normalement auraient dû mourir, on les ramène à la vie et c'est une première dans l'histoire. »

Ce phénomène est constaté depuis toujours dans l'humanité ! Platon en parle, toutes les grandes traditions parlent de ce qu'on appelle aujourd'hui la NDE. C'était cependant très rare à l'époque, c'était très rare que quelqu'un de presque mort, au point où son cœur était arrêté, revienne et raconte une histoire fabuleuse. Aujourd'hui, et c'est un paradoxe que je trouve très amusant, c'est dans les endroits les plus technologiques de notre civilisation, que sont les unités de soins intensifs des grands hôpitaux — qu'on critique habituellement pour leur inhumanité — que jaillit comme une source, et d'une manière massive, un phénomène aussi vieux que l'humanité! D'après l'institut Gallup, huit millions de personnes ont vécu cette expérience! Ce phénomène n'est pas répertorié dans les annales de la psychiatrie ou de la psychanalyse, mais il y a des cas partout, et il faut les étudier et que chacun donne son interprétation. Il est possible que se produise un phénomène neurochimique au moment où l'organisme croit qu'il va mourir, mais ça n'enlève rien au fait que les gens ayant vécu cette expérience disent: «Ma vie a changé totalement.» On peut être plus ou moins d'accord avec ça, et quand on écoute ceux qui ont vécu ces expériences, on peut les croire ou ne pas les croire...

Le psychosociologue Kenneth Ring a décidé par exemple d'étudier le phénomène de manière statistique. Il a essayé de faire un profil type et de trouver des corrélations après avoir interviewé environ deux cents personnes qui ont vécu l'expérience. Ce n'était sûrement pas une tâche facile... Apparemment, cette expérience peut arriver à n'importe qui, on ne parvient pas à trouver une corrélation particulière de ce point de vue. Le phénomène peut tout aussi bien arriver à un homme qu'à une femme, à un agent de police qu'à un ingénieur, à un jeune qu'à un vieux, à un croyant qu'à un athée... Ces personnes vous regardent dans les yeux et souvent se mettent à pleurer en vous racontant leur expérience, et même si elle a eu lieu vingt ans auparavant, ils en sont toujours aussi bouleversés ! Ils disent : « J'ai revu ma vie. Je me suis retrouvé dans un soleil d'amour et de connaissance totale. Vous ne pouvez pas savoir. Il n'y a pas de mots ! À ce moment-là, j'ai compris que j'avais perdu mon temps, parce que j'avais accordé de l'importance à des choses qui n'en ont pas. » Toutes les grandes choses à majuscules, les grands honneurs comme les grandes indignités, ne comptent pas. Si je vous disais : « Vous allez mourir dans une heure ! Écrivez sur ce bout de papier, d'un côté, tout ce dont vous êtes vraiment fier dans votre vie, et de l'autre tout ce dont vous êtes vraiment honteux. » Eh bien, ce bout de papier, les rescapés de la mort disent que vous pouvez le jeter à la poubelle ; il n'a aucune importance. Ils se sont rendu compte que les grandes choses leur ont été imposées d'une certaine manière. Par contre, il y a des domaines de la vie où ils ont réellement eu toute liberté, et en général, au cours de cette expérience, ils s'aperçoivent qu'ils ont gaspillé cette liberté.

Antérieurement, les connaissances dans ce domaine relevaient plutôt du sacré, ou encore les secrets appartenaient aux grands prêtres ou aux sorciers. Qu'est-ce qui vous apparaît nouveau dans ce domaine aujourd'hui ? Est-ce le fait que les savants s'intéressent à la chose ?
Bien avant les savants, il y a les infirmières. Cela a été pour moi une découverte capitale sans laquelle je n'aurais pas fait ce livre. Ce que je vous ai raconté jusqu'à cette minute, c'est que j'ai été attiré, un peu à mon corps

défendant, dans une histoire dont je me suis aperçu au bout d'un moment qu'elle était l'acte 2 d'une grande pièce de théâtre, que je considère très importante pour la suite de l'histoire humaine, de la civilisation occidentale en tout cas... Et cet acte 2 dans lequel j'étais tombé, était un acte masculin, parce que tous les gens dont je viens de vous parler sont pour la plupart des hommes, des hommes très spéculatifs ! Ils élaborent des hypothèses, établissent des statistiques... et pour eux c'est ludique ! C'est-à-dire que ces hommes (en dehors du premier dont je vous ai dit qu'il était très effrayé) s'amusent comme des fous ! Or au bout d'un moment on se rend compte que tous ces gens-là font plus ou moins directement allusion à quelque chose qui est venu avant eux, et que j'appelle l'acte 1.

D'abord, cet acte 1 vient d'Amérique. Il est féminin et n'est pas du tout spéculatif, théorique ou mental ; il est complètement compassionnel et pratique. Il n'est pas ludique, mais caritatif, et il se joue sur le terrain, là où l'on meurt vraiment : dans les hôpitaux, dans les mouroirs, dans les hospices. Quand on remonte à l'origine de cet acte 1, on s'aperçoit avec émotion que cela démarre à la Seconde Guerre mondiale... et que c'est comme un séisme dont l'épicentre serait les camps de concentration. À ce moment-là, tout le reste, les NDE, les professeurs plus ou moins fous dans les laboratoires, qu'ils soient pour ou contre, paraissent un peu dérisoires.

Ce que j'essaie d'expliquer dans mon livre, c'est que j'ai été attiré par l'acte 2, mais que très rapidement je me suis incliné devant l'acte 1, qui est la redécouverte de l'art d'accompagner les mourants dans la civilisation occidentale. Cet art est redécouvert sous la pression d'une formidable nécessité, ressentie non pas par les prêtres, les savants ou même les médecins, mais par celles qui ont à assumer la mort.

Entre 70 et 80 % des Français meurent à l'hôpital, plutôt la nuit, quand les médecins sont rentrés chez eux et qu'il n'y a plus que les infirmières, voire des aides-soignantes, pour s'occuper d'eux. La société moderne, avec une irresponsabilité incroyable, a laissé toute la gestion de ce travail à ces femmes, sans même les préparer !

Il y a un événement très important dans toute cette saga : le séminaire d'Elisabeth Kübler-Ross, à Chicago, entre 1966 et 1969. Elle avait découvert cela comme une évidence.

Elle a été sur le terrain...
Oui, et quand on a été sur le terrain des camps de concentration, là où il n'y a plus de mensonge, là où l'on voit la mort en face, directement, et qu'ensuite on se retrouve dans les grands hôpitaux américains de l'époque Kennedy, l'époque technologique, l'époque du « *smile* ! » américain, où l'on dit : « La mort ? Mais on va la guérir avec la technologie ! »

C'est un détail...
Un terrible détail ! Et on ment ! On ment incroyablement !
— Je vais mourir...

— Mais non! Taisez-vous!... Bien sûr que non! On va... » En vérité il n'en a plus que pour quelques heures et on ment comme... On ment parce qu'on est horriblement effrayé. Vous voyez?

Oui.

Il y a deux pôles: d'une part, l'endroit le plus dur du XXe siècle, où le mensonge a été radicalement effacé, et d'autre part l'endroit où le mensonge est le plus grand, qui est en principe l'endroit euphorique où la technologie vaincra la mort. Quand vous avez connu les deux, vous êtes en quelque sorte forcé — je ne sais pas pourquoi ce sont des femmes qui font ce travail — de constater que l'homme moderne est en train de se perdre. Cet homme oublie le contrat constitutif de l'humanité! L'humanité, c'est comme si un jour un animal avait dit: «Je comprends la mort et je vais négocier avec elle.» On ne peut pas revenir sur ce contrat-là, on ne peut pas dire: «Non, je voudrais redevenir un animal! Je voudrais ignorer que je vais mourir! Ne me parlez pas de ça... et surtout n'en parlez pas aux enfants! De grâce...»

Il ne faut pas taire...
...Si vous taisez cela, vous disparaissez! Vous rompez le contrat et vous mourez, mais pas au sens de mourir individuellement: vous êtes effacé de l'histoire de l'univers.

Dans ces expériences vécues aux portes de la mort, il existe différents stades, bien sûr. Comment peut-on les classer?

En moyenne, le premier stade, celui qu'à peu près tous les rescapés de la mort ont connu, c'est un grand bien-être, une sorte de très grande légèreté; on flotte dans le vide et on est calme comme jamais.

Au stade n° 2, évidemment frappant et très spectaculaire — dont on a tiré des films et toutes sortes de romans fantastiques —, l'individu se voit de l'extérieur, il a l'impression de flotter hors de lui-même. Dans la plupart des récits, il flotte au plafond, de la salle d'opération par exemple, et il entend, il voit, et quelquefois il voit seulement sans entendre ce qui se passe. Il peut traverser les murs comme un fantôme. Quand ce stade n° 2 est poussé à son maximum, il aboutit à un phénomène étrange: l'individu a vraiment l'impression de flotter à l'extérieur de son corps et il lui suffit donc de penser à quelqu'un pour se trouver à ses côtés, ou bien à un endroit pour aussitôt s'y trouver.

Au stade n° 3, qui est connu par un peu moins de gens évidemment (le stade n° 1 tout le monde l'a connu en principe, le n° 2 un peu moins, et le n° 3 encore un peu moins), on tombe tout d'un coup dans un gouffre, ou dans un tunnel.

Le fameux tunnel!

Oui, et qui est souvent décrit comme immense, totalement obscur, et où l'on se déplace à très grande vitesse.

Au stade n° 4, certains voient une lumière au fond de ce tunnel... et au stade n° 5, ils plongent dans cette lumière... Il faut dire qu'une minorité seulement a en principe connu ces différents stades dans cet ordre. Le stade n° 5 est le stade maximum, et ils posent tout de suite un problème puisqu'ils disent tous : « C'est ineffable ! Il n'y a pas de mots humains pour le décrire ! » Donc, normalement, ils devraient se taire ! Mais en général ils parlent ! Ce qui pose le problème du statut de leurs mots.

Avez-vous l'impression que le monde occidental est en train de découvrir dans la mort ce qui existe depuis toujours chez les Orientaux ?
Une fois que ces phénomènes ont été popularisés dans la presse et la littérature, d'abord américaine puis européenne, des gens n'ont pas manqué de dire : « Cette expérience est très connue... C'est une expérience mystique de base qu'ont vécue des milliers de gens à travers l'histoire, et pas forcément au moment où ils allaient mourir !... » Dans le cas qui m'intéressait particulièrement, celui des chercheurs américains, Kenneth Ring reçoit un jour une lettre d'une femme qui lui décrit une très belle *Near Death Experience*, un cas formidable, typique de tous les stades incluant le n° 5, et à la fin elle dit : « ... sauf que je n'étais pas du tout en train de mourir quand c'est arrivé, je me promenais dans un champ de blé ! »

Ce n'est donc pas forcément relié à la mort ?
Effectivement. C'est un état de conscience qu'apparemment on a plus de chances de rencontrer quand on se promène au bord de la mort, mais qu'on peut a priori vivre n'importe quand. Les yogis, par exemple, s'adressent à ce réseau de savants en leur disant : « Nous

sommes très intéressés par ce que vous racontez là. Ce que vous décrivez, c'est l'état de conscience cosmique, l'illumination, le Samadhi basique, sauf que chez nous il faut des années de yoga pour avoir une petite chance de l'atteindre... Et vous dites que c'est arrivé à la concierge ou au balayeur du coin simplement parce qu'il s'est fait renverser par un camion de lait?» Ce qu'il y a de nouveau, donc, ce serait une sorte de démocratisation sauvage, paradoxalement située dans des endroits comme les unités de soins intensifs, d'un état mystique connu et repéré par l'humanité depuis qu'elle a une mémoire.

Il me semble qu'il y a dans tout cela un mélange de fantasme, de religion et même d'explication scientifique. Avec cette enquête que vous avez menée, avez-vous réussi à rétablir objectivement les faits?
Jusqu'à un certain point... Il y a une limite en deçà de laquelle je crois pouvoir dire que je me suis comporté de manière rationnelle, comme beaucoup de gens qui travaillent sur le sujet.

On pourrait dire, même d'un point de vue tout à fait matérialiste et financier, que les gens qui se préoccupent du déficit de la sécurité sociale, par exemple, devraient, dans leurs travaux de rationalisation des choix budgétaires, se rendre compte qu'une société dans laquelle on accompagne les mourants est une société où l'on se porte mieux, et pas simplement parce que celui qui va mourir meurt éventuellement plus rapidement! Je veux dire par là qu'il y a des gens qui s'accrochent à la vie parce qu'ils ont des problèmes non réglés! Ils agonisent pendant des mois et des mois parce qu'on ne les aide pas à régler un problème psychologique, par exemple une *unfinished business*, comme le dit Kübler-Ross. C'est une sorte de dignité humaine élémentaire d'aider celui qui va partir à régler au maximum les problèmes non résolus de sa vie. On s'aperçoit que l'agonie — que nos sociétés voient comme quelque chose de purement négatif — peut devenir en réalité un moment privilégié. Nous sommes bêtement rationnels, mais vraiment avec un tout petit esprit, et on se dit : «À quoi bon résoudre un problème puisque ensuite on va mourir ?» Mais non ! La beauté de l'humain, même si on pense qu'après la mort tout est fini, qu'il n'y a plus rien, est là jusqu'à la dernière seconde ! Celui qui part, qui disparaît, qui se néantise avec un sourire, après avoir enfin résolu par exemple la névrose qu'il traînait depuis des années, c'est quelque chose de très beau ! Et de rentable !... dans la mesure où tout son entourage en ressent un soulagement, un effet bienfaisant qui aura de nombreuses conséquences, puisque ces gens-là seront moins dépressifs, puisqu'ils seront moins absents de leur travail, consommeront moins de calmants et de tranquillisants ! Bref, l'ensemble du processus psychosocial sera en quelque sorte assaini.

Croyez-vous que nous sommes en train de réinventer la mort avec ce type d'expériences, ou avec la sensibilité à ces expériences ?
L'enjeu, comme toujours à notre époque, est à la fois de retrouver nos racines et de retrouver ce qui nous relie aux autres, à la nature, au tout, sans perdre ce que nous,

hommes modernes, avons mis au point, cette chose invraisemblable qu'est la liberté individuelle, la lucidité aiguë de la personnalité de chacun. Oui, je crois qu'on peut inventer une façon moderne de mourir.

Ouvrages consultés
et suggestions de lecture

ADAM et DEVEAU, *Le cancer de l'enfant : guide à l'usage des parents et des amis d'enfants cancéreux*, Saint-Hyacinthe, Édisem, 1989.

ARENAS, Reinaldo, *Avant la nuit*, Paris, Julliard, 1992.

ARIÈS, Philippe, *L'homme devant la mort*, Paris, Seuil, collection « Point Histoire », 1985.

BARBEDETTE, Gilles, *Mémoires d'un jeune homme devenu vieux*, Paris, Gallimard, 1993.

BÉLANGER, Denis, *La vie en fuite*, Montréal, Québec/Amérique, 1991.

BIANU, Zéno, *Les religions et la mort*, Montréal, Ramsay, 1981.

BIARDEAU, Madeleine, *L'hindouisme : anthropologie d'une civilisation*, Paris, Flammarion, collection « Champs », 1981.

BLONDEAU, Danielle — BEAUDOIN, Jean-Louis, *Droit à la mort*, Paris, Presses universitaires de France, 1993.

BLONDEAU, Danielle — BEAUDOIN, Jean-Louis, *Éthique de la mort*, Paris, Presses universitaires de France, 1993.

BUREAU, Yvon, *Ma mort, ma dignité*, Éditions du Papillon, 1991.

CORBIN, Henri, *Histoire de la philosophie islamique*, Paris, Gallimard, collection «Folio Essais», n° 39, 1986.

COUTURE, André, *La réincarnation*, Montréal, Novalis, 1992.

DUBIED, Pierre-Luigi, *L'angoisse et la mort*, Genève, Labor et Fides, 1991.

ELIADE, Mircea, *Le Yoga: immortalité et liberté*, Paris, Payot, collection «Bibliothèque historique», 1991.

FAURE, Bernard, *La mort dans les religions d'Asie*, Paris, Flammarion, collection «Domino», 1994.

GIRAULT, René, *Les religions orientales*, Paris, Plon/Mame, Encyclopédie des phénomènes spirituels, 1995.

GNOLI, G., VERNANT, J.-P., *La mort, les morts dans les sociétés anciennes*, Cambridge et Paris, Maison des sciences de l'homme, 1982.

HENNEZEL, Marie de, *La mort intime*, Paris, Robert Laffont, collection «Aider la vie», 1995.

HÉTU, Jean-Luc, *Psychologie du mourir et du deuil*, Montréal, Méridien, 1989.

HIRSCH, Emmanuel — SALAMAGNE, Michèle-H., *Accompagnement jusqu'au bout de la vie: manifeste pour les soins palliatifs*, Paris, Cerf, 1992.

JANKÉLÉVITCH, Vladimir, *La mort*, Paris, Flammarion, collection «Champs», 1977.

KERNBAUM, Serge, *Le Praticien face à la mort*, Paris, Flammarion, collection «Médecine-sciences», 1992.

KÜBLER-ROSS, Élisabeth, *La mort, dernière étape de la croissance*, Monaco, Éditions du Rocher, 1985.

LANDSBERG, Paul-Louis, *Le problème moral du suicide*, Paris, Seuil, collection «Point Sagesse», 1993.

MARTINO, Bernard, *Voyage au bout de la vie*, Paris, Éditions Pocket, collection «L'âge d'être», 1995.

MILOT, Jean-René, *L'Islam et les musulmans*, Montréal, Fides, 1993.

MISRAKI, Paul, *L'expérience de l'après-vie*, Paris, Robert Laffont, 1974.

MULLIN, H. Glenn, *Pour mieux vivre sa mort: anthologie tibétaine*, Lavaur, Éditions Trismégiste, 1990.

PLANTE, Anne, *Histoire de Josée*; *Histoire de Jonathan*; *Histoire de Charlotte, Philippe et grand-père*, Montréal, Éditions Paulines, 1992.

PRIEUR, Jean, *La nuit devient lumière: que dire à ceux qui ont perdu un être aimé?*, Paris, Éditions Astra, 1986.

QUÉRÉ, France, *L'éthique et la vie*, Paris, Odile Jacob, 1991.

RENARD, Hélène, *L'après-vie, croyances et recherches sur la vie après la mort*, Paris, Philippe Lebaud, 1985.

REZVANI, Serge, *J'avais un ami*, Paris, Christian Bourgois éditeur, 1987.

RILKE, Rainer Maria, *Le livre de la pauvreté et de la mort*, Arles, Actes sud, 2ᵉ édition, 1989.

RING, Kenneth, *Sur la frontière de la vie*, Paris, Robert Laffont, 1982.

SABATIER, Robert, *Dictionnaire de la mort*, Paris, Albin Michel, 1967.

SABBAH, David, *L'épanouissement de l'être: l'aspect positif du mauvais penchant dans la tradition juive*, Ville Mont-Royal, Éditions Albert Soussann, 1984.

SARDA, François, *Le droit de vivre et le droit de mourir*, Paris, Seuil, 1975.

SCHOPENHAUER, Arthur, *Métaphysique de l'amour, métaphysique de la mort*, Paris, Christian Bourgois Éditeur, collection « 10/18 ».

SEMPRUN, Jorge, *L'écriture ou la Vie*, Paris, Gallimard, 1994.

SÉNÈQUE, *De la brièveté de la vie*, Paris, Petite Bibliothèque Rivages, 1990.

SUSANNE, C., *L'euthanasie ou la mort assistée*, Saint-Laurent, Éditions ERPI, 1991.

THOMAS, Louis-Vincent, *Anthropologie de la mort*, Paris, Payot, 1996.

THOMAS, Louis-Vincent, *La mort*, Paris, Presses universitaires de France, collection «Que sais-je?», n° 236.

THOMAS, Louis-Vincent, *Mort et pouvoir*, Paris, Payot, 1978.

VERNANT, Jean-Pierre, *L'individu, la mort, l'amour: soi-même et l'autre en Grèce ancienne*, Paris, Gallimard, collection «Bibliothèque des histoires», 1989.

VERSPIEREN, Patrick, *Face à celui qui meurt: euthanasie, acharnement thérapeutique, accompagnement*, Paris, Desclée de Brouwer, 1984.

VOGHERA, Giorgio, *Notre maîtresse la mort*, Strasbourg, Éditions Circé, 1992.

VOLANT, Éric, *Jeux mortels et enjeux éthiques*, Éditions Sapientia.

VOVELLE, Michel, *La mort et l'Occident de 1300 à nos jours*, Paris, Gallimard, collection «Bibliothèque illustrée des histoires», 1983.

WEISS, Joël, *Ces enfants qui se suicident*, Éditions Garancière, 1986.

ZIEGLER, Jean, *Les vivants et la mort*, Paris, Seuil, collection «Point Essais», 1975.

Table des matières

ACHEVÉ D'IMPRIMER
CHEZ
MARC VEILLEUX,
IMPRIMEUR À BOUCHERVILLE,
EN JANVIER MIL NEUF CENT QUATRE-VINGT-DIX-SEPT